Medienfreiheit in
der EU-Grundrechtscharta:
Art. 10 EMRK ergänzen und modernisieren!

Studien zum deutschen und europäischen Medienrecht

herausgegeben von Dieter Dörr

mit Unterstützung der Dr. Feldbausch Stiftung

Bd. 5

PETER LANG

Frankfurt am Main · Berlin · Bern · Bruxelles · New York · Oxford · Wien

Martin Stock

Medienfreiheit in der EU-Grundrechtscharta: Art. 10 EMRK ergänzen und modernisieren!

PETER LANG
Europäischer Verlag der Wissenschaften

Die Deutsche Bibliothek - CIP-Einheitsaufnahme

Stock, Martin:

Medienfreiheit in der EU-Grundrechtscharta : Art. 10 EMRK
ergänzen und modernisieren! / Martin Stock. - Frankfurt am
Main ; Berlin ; Bern ; Bruxelles ; New York ; Oxford ; Wien :
Lang, 2000
   (Studien zum deutschen und europäischen Medienrecht ;
Bd. 5)
   ISBN 3-631-36842-9

ISSN 1438-4981
ISBN 3-631-36842-9

© Peter Lang GmbH
Europäischer Verlag der Wissenschaften
Frankfurt am Main 2000
Alle Rechte vorbehalten.

VORWORT DES HERAUSGEBERS

Am Anfang des neuen Jahrtausends steht der Europäischen Union nicht nur eine geographische Erweiterung bevor, sie rüstet sich vielmehr auch in ihrer inneren Verfassung für die gestiegenen Herausforderungen an eine supranationale Gemeinschaft einzigartigen Zuschnitts an der Schwelle des beginnenden Informationszeitalters.

Dabei stellt die Grundrechtscharta der Europäischen Union ein sehr anspruchsvolles und zentrales Vorhaben dar. Obwohl die Idee einer solchen Grundrechtscharta schon längere Zeit diskutiert wird, ist erst unter der deutschen Präsidentschaft im ersten Halbjahr 1999 das konkrete Projekt initiiert worden, das noch in diesem Jahr mit der feierlichen Verkündung durch die Staats- und Regierungschefs im Rahmen des Gipfels in Nizza seinen vorläufigen Abschluß finden soll.

Das Anliegen, auch die Gemeinschaft ausdrücklich an durchsetzbare Grundrechte zu binden, ist im Prinzip unumstritten. Allerdings gibt es erhebliche Probleme und Divergenzen bei der Frage, wie eine solche Bindung auszugestalten ist und zwar sowohl in inhaltlicher Hinsicht als auch im Hinblick auf die Verbindlichkeit und die Justitiabilität. Zudem gilt es, mögliche Kollisionen zwischen einer EU-Grundrechtscharta, der bereits existierenden und bewährten Europäischen Menschenrechtskonvention des Europarats (EMRK) und den Grundrechtskatalogen in den Verfassungen der Mitgliedstaaten zu vermeiden. Angesichts der zu bewältigenden schwierigen Fragestellungen und der Bedeutung des Themas ist es bemerkenswert, wie wenig Widerhall in der öffentlichen und wissenschaftlichen Diskussion bisher zu vernehmen ist. Dies gilt umso mehr, als weitere wichtige Zukunftsfragen der Gemeinschaft mit viel Publikumswirksamkeit von Politikern immer wieder aufgeworfen werden. Zu denken ist beispielsweise an die jüngst vom deutschen Außenminister aufgegriffenen und erneuerten Thesen über ein Kerneuropa und eine Verfassung für die Europäische Union.

Insbesondere fehlt eine breite Diskussion über die konkreten Inhalte und Schranken der einzelnen Grundrechte und Vorschläge, wie die Formulierungen im Vergleich zur EMRK und zu den Verfassungstraditionen der Mitgliedstaaten gestaltet werden können. Ein Grund dafür mag im ehrgeizigen Zeitplan liegen, der eine ausführliche Beschäftigung mit Einzelfragen kaum möglich erscheinen läßt. Die Diskussion ist jedoch auch deshalb notwendig, weil durch eine gut gemeinte, aber verfehlte Fassung einzelner EU-Grundrechte der bereits existierende Standard der EMRK oder der mitgliedstaatlichen Verfassungen unterschritten und damit der Grundrechtsschutz der Unionsbürger verkürzt werden könnte.

Martin Stock gebührt das Verdienst, mit der vorliegenden Abhandlung die notwendige Grundlage für die dringend erforderliche Diskussion am Beispiel der Medienfreiheit zu liefern. Als ausgewiesener Experte mit zahlreichen Veröffentlichungen zum Grundrecht der Rundfunkfreiheit ist er in besonderer Weise geeignet, diese wichtige Analyse vorzunehmen. Dabei beschränkt sich die Abhandlung keineswegs nur auf das konkrete Grundrecht der Medienfreiheit, sondern gibt auch dezidierte und differenzierte Antworten zu den oben angesprochenen Grundfragen. Im Hinblick auf ein EU-Grundrecht der Medienfreiheit begnügt sich *Stock* nicht damit, den bisher vorliegenden Vorschlag des Verfassungskonvents zu analysieren und zu den Änderungsvorschlägen unter anderem von ARD/ZDF Stellung zu nehmen. Vielmehr unterbreitet er eine konkrete Alternativformulierung auf der Grundlage einer sorgfältigen Analyse der nationalen Verfassungstraditionen, des Art. 10 EMRK und der Sichtweise der EU im Hinblick auf die Dienstleistungsfreiheit. Dabei zielt sein Vorschlag darauf ab, auch die demokratische und kulturelle Funktion der Medien im Sinne eines Public Service-Prinzips zu gewährleisten.

Es ist dringend angezeigt, die bisherigen Defizite im Hinblick auf eine öffentliche Debatte des Fortgangs der Arbeiten im EU-Verfassungskonvent auszugleichen. Daher wird die vorliegende Untersuchung zu einem Zeitpunkt zur Drucklegung gebracht, in dem zwar der endgültige Vorschlag des Konvents noch nicht vorliegt, aber die wesentlichen Grundlinien und Formulierungen bereits feststehen. Der jeweils aktuelle Stand der Beratungen im Verfassungskonvent kann gefunden werden unter der Internet-Adresse *http://db.consilium.eu.int/df/default.asp?lang=de*. Nur bei einer Veröffentlichung schon in dieser Phase können die von *Stock* aufgezeigten Defizite und

sein konkreter Vorschlag in die Diskussion um die Kodifizierung der Medienfreiheit noch Eingang finden.

Gerade dieses Grundrecht ist für die Entwicklung der Medienlandschaft in
einem dualen Rundfunksystem von zentraler Bedeutung. Die bisherige Politik
der Gemeinschaft und einige von ihr erlassene Richtlinien nehmen nicht immer genügend Rücksicht auf die demokratische und kulturelle Aufgabe des
Rundfunks, wie sie auch und gerade vom Bundesverfassungsgericht aus der
dienenden Funktion der Rundfunkfreiheit des Art. 5 Abs. 1 GG entwickelt
worden ist. Diese wichtigen Funktionen des Rundfunks spiegeln sich im bisherigen Entwurf, der nicht über Art. 10 EMRK hinausgeht, entgegen den Ansätzen im Protokoll über den öffentlich-rechtlichen Rundfunk und der entsprechenden Entschließung des Rates und der im Rat vereinigten Vertreter der
Regierungen der Mitgliedstaaten vom 25.1.1999 über den öffentlich-
rechtlichen Rundfunk nicht wider. Im Anhang, der der Abhandlung von *Stock*
beigefügt ist, sind nicht nur diese Dokumente, sondern auch wesentliche Entwürfe und Beschlüsse der europäischen und deutschen Institutionen im Zusammenhang mit der EU-Grundrechtscharta abgedruckt. Damit wird dem Leser eine Quelle an die Hand gegeben, aus der er sich nicht nur umfassend zur
Frage der Medienfreiheit, sondern ganz allgemein zu den Vorarbeiten auf
dem Weg zur Charta informieren kann.

Für die spontane Bereitschaft, diesen Band in kürzester Zeit vom Manuskript
bis zur Druckreife fertigzustellen, danke ich insbesondere meinen wissenschaftlichen Mitarbeitern *Mark D. Cole* und *Florian C. Haus* ganz herzlich.
Dabei verdient vor allem die von *Florian C. Haus* übernommene – aufwendi-
ge – Erstellung des Anhangs eine Hervorhebung. Nicht zuletzt danke ich auch
dem *Peter Lang Verlag*, der die außergewöhnliche Eilbedürftigkeit dieser Pu-
blikation erkannt und für eine schnelle Umsetzung des Drucks gesorgt hat.

Ich hoffe, daß sich möglichst viele Leser dieser Schrift in die Diskussion ein-
bringen. Dazu möchte ich nicht nur ausdrücklich ermuntern, sondern auch
herzlich einladen. Das Mainzer Medieninstitut wird die Debatte aufgreifen
und eine Veranstaltung zu dieser Thematik im Herbst diesen Jahres durchfüh-
ren.

Kommentare, Stellungnahmen und Beiträge, die das Mainzer Medieninstitut selbstverständlich auch dem Autor weiterleiten wird, können daher an die unten angegebene Adresse gesendet werden.

Mainz, im Mai 2000   Dieter Dörr

Kommentare und Beiträge bitte an das

    Mainzer Medieninstitut
    Kaiserstr. 32
    55116 Mainz
    doerr@mainzer-medieninstitut.de

Allgemeine Informationen zum Mainzer Medieninstitut erhalten Sie unter der o.a. Adresse oder per e-mail unter

    info@mainzer-medieninstitut.de

INHALTSVERZEICHNIS

11

I.   Ein kühnes Projekt der Europäischen Union

1.   Der EU-Grundrechtskonvent

Auf Initiative der deutschen Präsidentschaft hat der Europäische Rat auf dem EU-Gipfel in Köln am 4.6.1999 die Ausarbeitung einer „Charta der Grundrechte der Europäischen Union" beschlossen[1]. Das ambitionierte Vorhaben soll inhaltlich über den derzeitigen Sachstand laut Art. 6 Abs. 2 EUV (früher Art. F Abs. 2 EUV) hinausgehen, und es soll insbesondere auch die EMRK hinter sich lassen. Nach dem Kölner Beschluß soll die Charta „die Freiheits- und Gleichheitsrechte sowie die Verfahrensgrundrechte umfassen, wie sie in der Europäischen Konvention zum Schutze der Menschenrechte und Grundfreiheiten gewährleistet sind und wie sie sich aus den gemeinsamen Verfassungsüberlieferungen der Mitgliedstaaten als allgemeine Grundsätze des Gemeinschaftsrechts ergeben. Die Charta soll weiterhin die Grundrechte enthalten, die nur den Unionsbürgern zustehen. Bei der Ausarbeitung der Charta sind ferner wirtschaftliche und soziale Rechte zu berücksichtigen, wie sie in der Europäischen Sozialcharta und in der Gemeinschaftscharta der sozialen Grundrechte der Arbeitnehmer enthalten sind (Artikel 136 EGV), soweit sie nicht nur Ziele für das Handeln der Union begründen." Ein Entwurf einer solchen Charta soll von einem Gremium erstellt werden, dessen Zusammensetzung und Arbeitsweise die Staats- und Regierungschefs der EU-Mitgliedstaaten sodann auf dem Gipfel in Tampere (Finnland) am 15./16.10.1999 näher geregelt haben[2]. Es besteht aus dreißig Mitgliedern der nationalen Parlamente (zwei aus jedem Mitgliedstaat), sechzehn EP-Abgeordneten, fünfzehn Beauftragten der Staats- und Regierungschefs sowie einem Beauftragten des Präsidenten der Europäischen Kommission. Das Gremium kann ad-hoc-Gruppen einsetzen, und seine Arbeit soll von einem Redaktionsausschuß unter Leitung des Vorsitzenden koordiniert und gesteuert werden. Es soll rechtzeitig vor dem EU-Gipfel in Nizza im Dezember 2000

---

[1]   Wortlaut des Beschlusses in Bull.EU 1999, Nr. 6, S. 39 = EuGRZ 1999, 364 f. Auch im Anhang, Nr. 3.

[2]   Wortlaut des Beschlusses von Tampere in Bull.EU 1999, Nr. 10, S. 15 = EuGRZ 1999, 615. Auch im Anhang, Nr. 4.

einen Entwurf vorlegen, auf dessen Grundlage der Rat gemeinsam mit Parlament und Kommission die neue Charta „feierlich proklamieren" will[3].

Das Gremium hat sich am 17.12.1999 in Brüssel konstituiert, und auf diesem neuartigen Hoffnungsträger und seiner Vorgehensweise ruhen nun die Blicke der interessierten Fachwelt[4]. Es handelt sich nicht um eine konventionelle Regierungskonferenz als Reformkonferenz, sondern um einen stärker verselbständigten, großenteils parlamentarisch legitimierten „Konvent" (so der eigene Sprachgebrauch des Gremiums) im Vorfeld möglicher europäischer Verfassungsgebung. Von deutscher Seite wurde u.a. der ehemalige Bundespräsident Prof. Dr. *Roman Herzog* in das Gremium entsandt[5], und er wurde von ihm zum Vorsitzenden gewählt. Der Arbeitsplan sieht eine Reihe von Plenarsitzungen sowie Arbeitstreffen vor, aus denen noch vor der Sommerpause 2000 ein vorläufiger Gesamtentwurf hervorgehen soll. Er soll dann bis September überarbeitet werden, und der endgültige Entwurf soll dem Europäischen Rat neuerdings schon zu dessen Tagung am 12./13.10.2000 in Biarritz vorliegen. Unterdessen hat man bereits mit neuen Formen von Transparenz via Medienöffentlichkeit zu experimentieren begonnen: Das Gremium rich-

---

[3] So der Kölner Beschluß, mit dem vorsichtigen Zusatz: Danach werde zu prüfen sein, „ob und gegebenenfalls auf welche Weise die Charta in die Verträge aufgenommen werden sollte".

[4] Über eine vom Bundesjustizministerium gemeinsam mit der deutschen Vertretung der Europäischen Kommission am 27.4.1999 in Köln zur Vorbereitung des EU-Gipfels veranstaltete Expertenkonferenz *Cole,* NJW 1999, 2798. Tagungsdokumentation: Eine europäische Charta der Grundrechte. Beitrag zur gemeinsamen Identität, hrsg. von der Vertretung der Europäischen Kommission in der Bundesrepublik Deutschland, 1999. Dort S. 9 ff. Darlegungen der Ministerin Dr. *Herta Däubler-Gmelin* zu den Motiven der deutschen Initiative, beginnend mit BVerfGE 37, 271, 285 („Solange ..."). Die Ministerin erinnerte auch daran, daß der Dt. Bundestag bereits 1995 einen rechtsverbindlichen EU-Grundrechtskatalog gefordert hatte. Vgl. den Unions-/FDP-Antrag BT-Dr. 13/ 3040, S. 3, angenommen Plenarprot. 13/77 vom 7.12.1995, S. 6760. In der Koalitionsvereinbarung vom 20.10.1998 hatten SPD und Bündnis 90/Die Grünen sodann verabredet, die neue Bundesregierung werde die Initiative ergreifen, „um den europäischen Verträgen eine Grundrechtscharta voranzustellen". Zu den europarechtlichen Kernfragen und Hintergründen näher *A. Weber,* NJW 2000, 537 ff. Siehe auch *Rengeling,* FAZ 1999, Nr. 166, S. 13; *Losch/Radau,* ZRP 2000, 84 ff.

[5] *Herzog* fungiert dort als Beauftragter des Bundeskanzlers. Vom Bundestag wurde Prof. Dr. *Jürgen Meyer* MdB (SPD) in das Gremium entsandt, vom Bundesrat der Chef der Thüringer Staatskanzlei und Thüringer Europaminister *Jürgen Gnauck.* Daneben hat das Europäische Parlament einige deutsche Abgeordnete für das Gremium benannt.

14

tete eine eigene Internet-Website ein[6]. Für externe Nutzer wurde zudem eine E-Mail-Adresse zur Verfügung gestellt, über die eine Kontaktaufnahme mit dem Gremium möglich sein soll[7]. Unter hohem Zeitdruck ist man mittlerweile in die Beratungen eingetreten[8]. Demnach wird sich beeilen müssen, wer hier auf Expertenebene oder im politischen Raum mitdiskutieren will.

2. Der Kodifikationsauftrag: Alternativen und Chancen

Das große Thema hat bereits eine längere Vorgeschichte. Es versteht sich vor dem Hintergrund vielfältiger früherer einschlägiger Bemühungen und Kontroversen, wie sie auch jetzt wieder aufleben[9].

a)   *Europäische Grundrechtspolitik – Altes und Neues*

Über einen EG-eigenen supranationalen Grundrechtskatalog – gerade auch unter dem Blickwinkel einer Weiterentwicklung der Wirtschaftsgemeinschaft zu einer quasi-föderativen Politischen Union – wird schon seit den siebziger

---

[6]   Die Website, die in allen Amtssprachen angeboten wird, soll die Öffentlichkeit über den Zeitplan und den Inhalt der Beratungen des Gremiums informieren, ihr alle im Verlauf der Erörterungen des Gremiums vorgelegten Dokumente zugänglich machen sowie alle von außerhalb vorgelegten Beiträge, die dem Gremium unterbreitet werden, aufnehmen und einordnen. Die Adresse lautet: http://db.consilium.eu.int./df/.

[7]   Die Adresse ist: fundamental.rigths@consilium.eu.int. In dem Beschluß von Tampere sind auch zu hörende EU-Einrichtungen (Wirtschafts- und Sozialausschuß, Ausschuß der Regionen, Europäischer Bürgerbeauftragter) aufgeführt. Der Konvent kann auch sonstige Gremien, gesellschaftliche Gruppen und Sachverständige hören. Als Beobachter werden einbezogen zwei EuGH-Vertreter und zwei Vertreter des Europarats, darunter einer des EGMR.

[8]   Vgl. *Herzog* (Interview), SZ 2000, Nr. 56, S. 9. Über gewisse Anlaufschwierigkeiten *Wernicke*, Die Zeit 2000, Nr. 12, S. 6. Die Website (Fn. 6) ist jedoch seit Anfang April 2000 recht ergiebig.

[9]   Siehe etwa *Schiffauer*, EuGRZ 1981, 193, 207 f.; *Starck*, EuGRZ 1981, 545, 548 ff.; *A. Weber*, JZ 1989, 965, 972 f.; *Pernice*, NJW 1990, 2409, 2418 f.; *Hilf*, EuR 1991, 19 ff., ähnlich in: Weidenfeld (Hrsg.), Der Schutz der Grundrechte in der Europäischen Gemeinschaft, 1992, S. 62 ff.; *Zuleeg*, DÖV 1992, 937, 944; *Rengeling*, Grundrechtsschutz in der Europäischen Gemeinschaft, 1993, S. 168 ff.; *Chwolik-Lanfermann*, ZRP 1995, 126 ff.; *Bieber* u.a., Au nom des peuples européens: un catalogue des droits fondamentaux de l'Union Européenne, 1996; *Denninger*, JZ 1996, 585 ff. Zusammenfassend *Bleckmann*, Europarecht, 6. Aufl. 1997, S. 49 ff.; *Kingreen*, in: Calliess/Ruffert (Hrsg.), EUV/EGV, 1999, Art. 6 EUV Rdnrn. 16 ff.; *Oppermann*, Europarecht, 2. Aufl. 1999, S. 188 ff.; *Streinz*, Europarecht, 4. Aufl. 1999, S. 119 ff.; *Schilling*, EuGRZ 2000, 3 ff. m.w.N.

Jahren debattiert und gestritten[10]. Es ist namentlich das Europäische Parlament, das sich diesbezüglich oftmals zu Wort gemeldet hat, etwa 1977 mit einem Votum für „Besondere Rechte" der EG-Bürger[11] und 1984 mit dem Entwurf eines Unionsvertrags, welcher binnen fünf Jahren um eine „eigene Grundrechtserklärung" ergänzt werden sollte[12]. Das EP hat 1989 auch bereits eine förmliche „Erklärung der Grundrechte und Grundfreiheiten" mit einem eigenen Grundrechtskatalog verabschiedet[13]. Im Zuge der Vorarbeiten für den Amsterdamer Vertrag hat der Institutionelle Ausschuß des EP sodann einen vollständigen Entwurf einer „Verfassung der Europäischen Union" – einschließlich eines Grundrechtsteils – vorgelegt. Das EP hat diesen Verfassungsentwurf auf den Weg einer wesentlich parlamentarisch beeinflußten europäischen Verfassungsgebung zu bringen versucht[14], was indessen vergeblich blieb[15].

1999 hat dann aber der Rat auf deutsches Drängen die Initiative ergriffen und das erwähnte Grundrechts-Gremium eingesetzt – was vom Parlament begrüßt worden ist und mit weiterreichenden Forderungen in den Bahnen seiner bisherigen konstitutionellen Absichten begleitet wird[16]. Bei der Ausarbeitung einer Grundrechtscharta wird der *Herzog*-Konvent nun nach dem Kölner Ratsbe-

---

[10] Vgl. *Seibert*, EuGRZ 1975, 316 f., zu einem Pariser Kolloquium über EG-Grundrechte.

[11] Entschließung vom 16.11.1977, ABl. 1977, Nr. C 299, S. 26 = EuGRZ 1978, 202 f. mit Komm. von *Bieber* 203 ff.

[12] Vgl. den Entwurf eines Vertrags zur Gründung der Europäischen Union laut Entschließung des EP vom 14.2.1984, ABl. 1984, Nr. C 77, S. 33, z.T. auch in EuGRZ 1984, 246 f. (hier Art. 4 Abs. 3 Satz 2). Dazu *Capotorti* u.a., Der Vertrag zur Gründung der Europäischen Union, 1986.

[13] Entschließung vom 12.4.1989, ABl. 1989, Nr. C 120, S. 51 = EuGRZ 1989, 204 ff. mit Bericht *De Gucht* 207 ff. Auch im Anhang, Nr. 1. Dazu *Beutler*, EuGRZ 1989, 185 ff.; *Nickel*, in: Magiera (Hrsg.), Das Europa der Bürger in einer Gemeinschaft ohne Binnengrenzen, 1990, S. 89 ff.

[14] Siehe die Entschließung des EP zur Verfassung der Europäischen Union vom 10.2.1994, ABl. 1994, Nr. C 61, S. 155 = BT-Drucks. 12/7074 (Titel VIII: Von der Union verbürgte Menschenrechte). Auch im Anhang, Nr. 2.

[15] Vgl. auch den *von U. K. Preuß* für die EP-Abg. *Cohn-Bendit, Müller* und *Ullmann* (Grüne) zur Vorlage bei der Amsterdamer Regierungskonferenz 1997 ausgearbeiteten Entwurf einer Erklärung „Grundrechte in der Europäischen Union", KritJ 1998, 22 ff. mit Erl. S. 1 ff. In Amsterdam kam man jedoch über die Generalklauseln des Art. 6 Abs. 1 und 2 EUV nicht hinaus.

schluß an die heutige Rechtslage anzuknüpfen und diese kodifikatorisch aus-
zuformen und weiterzuentwickeln haben. Wichtig sind insoweit zunächst die
sog. Grundfreiheiten des primären Gemeinschaftsrechts in der Interpretation
des EuGH[17]. Neben diesen wirtschaftsrechtlichen Freiheitsgarantien – ggf.
auch in Kombination mit ihnen – pflegt der EuGH gemäß Art. 6 Abs. 2 EUV
in gewissem Umfang auch andere grundrechtliche Rechtspositionen einzubeziehen. Diese können den Verfassungstraditionen der Mitgliedstaaten ent-
stammen[18], oder es wird auf völkerrechtliche Verträge zum Schutz von Men-
schenrechten zurückgegriffen, insbesondere auf die EMRK. Letztere gilt für
EG/EU wohlgemerkt nicht unmittelbar[19], sondern nur in „prätorischer" Umsetzung über Art. 6 EUV. Ihrem inhaltlichen Zuschnitt nach hat diese weiter
ausgreifende, auf Europaratsebene angesiedelte Kodifikation aber eben nicht
supra-, sondern nur internationalen Charakter[20]. Nicht zuletzt hieraus mag
sich der Umstand erklären, daß die EMRK-Rechte dem Europäischen Rat und
dem Europäischen Parlament im gegenwärtigen Entwicklungsstadium der
Union als Inhalt der gedachten EU-Charta nicht ausreichend erscheinen, zumal bezüglich politischer Teilnahme und sozialer Teilhabe[21]. Insoweit gehen

---

[16] Vgl. die Entschließung des EP vom 16.3.2000, einsehbar unter: http://www2.europarl.
eu.int./. Auch im Anhang, Nr. 5.

[17] Dazu etwa *Jarass*, EuR 1995, 202 ff.; *Bleckmann* (Fn. 9), S. 543 ff.; *Streinz* (Fn. 9), S.
238 ff. Zuletzt *Kingreen*, Die Struktur der Grundfreiheiten des Europäischen Gemeinschaftsrechts, 1999.

[18] Zu dieser „Rechtserkenntnisquelle" in der Sicht des EuGH *Kingreen* (Fn. 9), Rdnrn. 33
ff. Dabei kann es sich um verschiedene Varianten nationalen Grundrechtsschutzes han-
deln, die vom EuGH kritisch-vergleichend berücksichtigt werden (was erhebliche
Spielräume impliziert). In Rede steht dabei z.B. die vielumstrittene „Bonität" des EU-
Grundrechtsschutzes im Verhältnis zu demjenigen von GG/BVerfG, vgl. nur *Storr*, Der
Staat 1997, 547 ff. Allg. *Häberle*, Europäische Rechtskultur, 1994, S. 279 ff.; *ders.* u.a.
(Hrsg.), Staat und Verfassung in Europa, 2000. Siehe auch *Müller-Graff/Riedel* (Hrsg.),
Gemeinsames Verfassungsrecht in der Europäischen Union, 1998.

[19] Bislang verfügt die Gemeinschaft nicht über die Zuständigkeit, der EMRK beizutreten,
so der EuGH in seinem Gutachten vom 28.3.1996, Slg. 1996, I-1795 ff. = EuGRZ
1996, 197 ff.

[20] Näher *Oppermann* (Fn. 9), S. 29, 39 ff. m.w.N. Dazu *Frowein/Peukert*, EMRK-
Kommentar, 2. Aufl. 1997.

[21] Der Kölner Beschluß (Fn. 1) will wohl – ähnlich wie das GG – zwischen Menschen-
und (Unions-)Bürgerrechten unterschieden wissen. Hinsichtlich sozialer Rechte zeigt er
sich vorsichtiger, wohl in Kenntnis der zähen innerdeutschen Dispute über soziale
Staatsziele/Grundrechte. Mit diesen Fragen hatte sich auch schon die Kölner Experten-

die – evtl. als „soft law" relevanten[22] – früheren Grundrechtserklärungen des EP schon ein Stück weiter. Das *Herzog*-Gremium bekommt mithin einiges zu tun, und es stößt auch auf viel Konfliktstoff.

b)   Auf dem Weg zu einer EU-Verfassung?

Eine Grundfrage, um die das Gremium nicht herumkommen wird, ist die folgende: Ist es angezeigt, nunmehr auf eine veritable EU-Verfassung hinzuarbeiten und daran die Grundrechtscharta schon im Vorgriff auszurichten? Die Verfassungsfrage ist in der Gemeinschaft, gerade auch in Deutschland, immer noch heftig umstritten[23]. Verfassungs-Skeptiker werden auch grundrechtspolitisch zur Zurückhaltung neigen. Sie mögen z.b. einen dynamischen Binnenmarkt auf dem Boden der EG-Grundfreiheiten für vordringlich halten. In gesellschaftlich-kultureller und politischer Hinsicht indes werden sie mit dem bisherigen, vergleichsweise lockeren und nicht eben „verfassungsnahen" EMRK-Standard und den sonstigen Maßstäben der EuGH-Praxis im großen und ganzen zufrieden sein. Wenn der Grundrechtskonvent auf diesen Weg einschwenkt, kann er schnell fertig werden. Würde er damit aber seinen Auftrag tatsächlich erfüllen?

---

konferenz (Fn. 4) befaßt. *Frowein* hatte sich dort dafür ausgesprochen, vorerst nicht wesentlich über die EMRK hinauszugehen (S. 73 f., 96 ff.). Dazu *Weber* (Fn. 4), 540 f.

[22] Vgl. *Kingreen* (Fn. 9), Rdnr. 24. Das *Herzog-Gremium* ist jedenfalls nicht gehindert, jene Erklärungen als Orientierungshilfe mit heranzuziehen. Das EP hat soeben (Fn. 16) bekräftigt, die EU-Charta solle auch „die politischen, wirtschaftlichen und sozialen Rechte, die mit der Unionsbürgerschaft verbunden sind", ausbauen. Auch ein Schutz gegen Bedrohungen etwa im Bereich der Informations- und der Biotechnologie müsse festgeschrieben werden, desgleichen der Umweltschutz. Ähnlich *Däubler-Gmelin* (Fn. 4).

[23] Das spiegelt sich in der Lit. zum Grundrechtsschutz (Fn. 9) wider. Verfassungsfähigkeit und Verfassungsbedarf der EU sind auch Thema weiterreichender, immer wieder auflebender Diskurse, etwa *Schuppert*, StWuStP 1994, 35 ff.; *Bieber*, in: J. Ipsen u.a. (Hrsg.), Verfassungsrecht im Wandel, 1995, S. 291 ff.; *Denninger*, KritV 1995, 263 ff.; *Grimm*, JZ 1995, 581 ff., auch in: Kimmel (Hrsg.), Verfassungen als Fundament und Instrument der Politik, 1995, S. 103 ff.; *Isensee*, in: Due u.a. (Hrsg.), Festschrift f. U. Everling, Bd. I, 1995, S. 567 ff.; *Läufer*, in: Randelzhofer u.a. (Hrsg.), Gedächtnisschrift f. E. Grabitz, 1995, S. 355 ff.; *Schröder*, in: Verfassungsrecht im Wandel, S. 509 ff.; *Stolleis*, KritV 1995, 275 ff.; *Koenig*, NVWZ 1996, 549 ff.; *Steinberg*, ZRP 1999, 365 ff. Zuletzt *Nowak*, DVB1. 2000, 326 ff. und *Hofmann*, NVwZ 2000, 289 f. (Tagungsberichte).

Dafür wird das Gremium m.E. auch die gegenteilige Option[24] in Betracht ziehen müssen, wie sie insbesondere im Europäischen Parlament ihre Fürsprecher hat. Man drängt dann nämlich – Staatsbegriff hin oder her – auf vermehrte Konstitutionalisierung und zumal Demokratisierung der Union[25]. Unter diesem Aspekt wird man also auch gründlicher in die Grundrechtsdebatte einsteigen wollen. Man wird auch weiterreichende, europäisch-verfassungsspezifische Grundrechtsinhalte sowie neuartige Gefährdungslagen in Erwägung ziehen, und man wird auch in puncto Grundrechtstheorie und Grundrechtstypik einigen Innovationsbedarf sehen. Mit einem einfachen alt- oder neuliberalen Grundrechtsmodell wird es hiernach keinesfalls getan sein[26]. Stärkere Beachtung verdienen dann beispielsweise auch politisch-demokratische Bezüge europäischer Kommunikationsgrundrechte[27]. Wer die Grundrechtsentwicklung in dieser Richtung vorantreiben will, wird auch eher dazu kommen, ohne Scheu an eine möglichst baldige Rechtsverbindlichkeit und Einklagbarkeit neuer Grundrechte zu denken[28] – was sich wohl von vorn-

---

[24] Vgl. *Weber* (Fn. 4), 539 f., mit weiteren Differenzierungen.

[25] Der Streit über ein Demokratiedefizit der EU durchzieht die Lit. zum Verfassungsbedarf (Fn. 23). Ferner etwa *Zuleeg,* JZ 1993, 1069 ff.; *Randelzhofer,* in: Hommelhoff/Kirchhof (Hrsg.), Der Staatenverbund der Europäischen Union, 1994, S. 39 ff. mit Disk. S. 57 ff.; *Kluth,* Die demokratische Legitimation der Europäischen Union, 1995; *Drexl* u.a. (Hrsg.), Europäische Demokratie, 1999; *Reich,* Rechte des Europäischen Parlaments in Gegenwart und Zukunft, 1999. Das EP (Fn. 16) sieht die Grundrechtscharta als Element eines notwendigen Demokratisierungs- und Konstitutionalisierungsprozesses. Auf der Kölner Expertenkonferenz (Fn. 4) vertrat diese Position die deutsche EP-Abgeordnete *E. Müller* (S. 25 ff.). Ebenso mit großer Emphase die BT-Abgeordnete *Leutheusser-Schnarrenberger* (S. 63 ff.).

[26] Klarsichtig und auch heute noch lesenswert *Schiffauer* (Fn. 9). Etwas anders *Starck* (Fn. 9). Auch dieser Punkt wird häufig behandelt, er ist aber noch nicht ausdiskutiert. Zum geltenden Recht *Kingreen* (Fn. 9), Rdnrn. 44 ff. m.w.N.

[27] Zur diesbezüglichen EuGH-Judikatur *Rengeling* (Fn. 9), S. 77 ff.; *Kingreen* (Fn. 9), Rdnrn. 151 ff. m.w.N. Über kulturpflegerische Brüsseler Agenda allg. *Oppermann* (Fn. 9), S. 853 ff.

[28] Hier geht das EP (Fn. 16) gleich aufs Ganze: nicht nur „unverbindliche Proklamation", sondern in den EUV aufzunehmende echte Grundrechte inkl. Rechtsweg zum EuGH. Ähnlich *Däubler-Gmelin* (Fn. 4). Der Europäische Rat (Fn. 1) ist da vorerst zurückhaltender. In den Beschlüssen von Köln und Tampere hat der Rat auch keinen ausdrücklichen Zusammenhang mit der Regierungskonferenz 2000 und deren institutioneller Reformthematik hergestellt. Die Grundrechtskodifikation verläuft danach scheinbar im leeren Raum. Näher *Weber* (Fn. 4), 544.

herein auch bereits auf die Abfassung der EU-Charta auswirken müßte[29]. Sogar eine volle Grundrechtsbindung der Mitgliedstaaten wird man dann nicht
sogleich von sich weisen[30]; dies jedenfalls dann nicht, wenn hier inhaltlich ein
großer Wurf gelingt und wenn dabei nicht etwa nur Formelkompromisse, Mi-
nimalrechte, Verwässerung, Ökonomisierung o.ä. herauskommen. Auch dies
hängt also davon ab, wie der Konvent nun im näheren an die Dinge heran-
geht[31].

---

[29] Es käme auf juristisch operationalisierbare Aussagen in knapper Form an, im Unter-
schied zu blumigen und langatmigen, mit vielen Erwägungsgründen etc. beladenen
Texten. Eher zögernd über operative Aspekte aber *Herzog* (Fn. 8).

[30] Ablehnend aber *Herzog* (Fn. 8). Näher *Rengeling* (Fn. 4). Nach dem EP (Fn. 16) soll
die Charta sämtliche Organe und Institutionen der Gemeinschaft und alle ihre Politiken
binden, und sie soll die Mitgliedstaaten bei der Anwendung von Gemeinschaftsrecht
verpflichten. Ebenso *Däubler-Gmelin* (Fn. 4): Insoweit auch faktische Auswirkungen
auf die nationalen Grundrechtsordnungen.

[31] Dazu unten III.3 und IV.

II. Ein exemplarisches Grundrechtsproblem: EU-Medienfreiheit – nur eine Medienunternehmerfreiheit?

1. „Fernsehen ohne Grenzen": Ein frühes Brüsseler Marktmodell

a) Überblick

Es lohnt sich zur Zeit, über mögliche Entwicklungspfade des EU-Grundrechtsschutzes, über Risiken und Chancen kodifikatorischer Schritte, über relevante modellmäßige Alternativen u.ä. noch etwas länger nachzudenken. Das Thema sei hier nun unter Beschränkung auf einen besonders wichtigen, geradezu exemplarischen Ausschnitt weiterverfolgt, nämlich am Beispiel der *Medienfreiheit* und ihrer wohlverstandenen konstitutionellen Bezüge. Die Diskussion über ein europäisches Medienrecht hat auf EG-Ebene in den frühen achtziger Jahren begonnen[32]. Damals war von neuen positivierten EG-Grundrechten (über die Grundfreiheiten des primären Gemeinschaftsrechts hinaus) auch bereits die Rede, jedoch wirkte sich das auf die Mediendebatte noch nicht aus. In Rechtsetzung und Rechtsprechung bildete sich aber alsbald eine Vorliebe für ein bestimmtes medienwirtschaftliches Steuerungsmodell heraus, in welchem auch schon eine entsprechende Grundrechtstypik angelegt war. Im weiteren Verlauf hat sich jener anfängliche einfache, im wesentlichen *marktorientierte* leitbildartige Ansatz dann schrittweise verändert und ausdifferenziert[33]. Neuerdings drückt sich in den konzeptionellen Bemühungen und mittelfristigen Strategien der Gemeinschaft auf dem audiovisuellen Sektor[34]

---

[32] Einführend *Stock*, RuF 1989, 180 ff. m.w.N., auch in: Hans-Bredow-Institut (Hrsg.), Rundfunk und Fernsehen 1948-1989, 1990, S. 272 ff.

[33] Näher *Herrmann*, Rundfunkrecht, 1994, S. 209 ff.; *A. Hesse*, Rundfunkrecht, 2. Aufl. 1999, S. 306 ff.; *Holznagel*, Rundfunkrecht in Europa, 1996, S. 123 ff.; *Dörr*, in: ders./Dreher (Hrsg.), Europa als Rechtsgemeinschaft, 1997, S. 73 ff.; *ders.*, in: Hans-Bredow-Institut (Hrsg.), Internat. Handbuch für Hörfunk und Fernsehen 1998/99, 1998, S. 71 ff.; *Michel*, in: ARD (Hrsg.), ARD Jahrbuch 98, 1998, S. 119 ff.; *Dörr/Eckl*, NJW 1999, 1925 ff.; *Rüggeberg*, WiVerw. 1999, 204 ff.

[34] Jüngst modifiziert, verdeutlicht und programmatisch zusammengefaßt in der Mitteilung der Kommission an den Rat, das Europäische Parlament, den Wirtschafts- und Sozialausschuß und den Ausschuß der Regionen: Grundsätze und Leitlinien für die audiovisuelle Politik der Gemeinschaft im digitalen Zeitalter, KOM(1999) 657 endg. vom 14.12.1999. Dazu unten III.1.b) ff.

implizit oder explizit bereits ein erheblich anspruchsvolleres, funktionell ver-
feinertes Grundrechtskonzept aus. Wenn es ihr gelingt, auf diesem Weg weiter fortzuschreiten und in die geplante Charta ein als *europäisches Funktionsgrundrecht* ausgestaltetes Mediengrundrecht aufzunehmen, wird die Union in
medienverfassungsrechtlicher Hinsicht gleichsam endgültig erwachsen werden. Das sei noch etwas näher ausgeführt.

b) *In den Kinderschuhen*

1984 trat die EG-Kommission erstmals in profilierter Weise mit dem medien-
politischen Grünbuch „*Fernsehen ohne Grenzen*" hervor[35]. Daraus resultierte
nach längeren Vorbereitungen 1989 die ebenso benannte Richtlinie des Rates[36]. Diese Richtlinie wurde 1997 im Blick auf neue Trends in Technik und
Wirtschaft novelliert[37] und gilt in letzterer Fassung bis heute[38]. Nach Brüsseler Absicht wird sie – eventuell mit weiteren Änderungen – auch in den
kommenden Jahren fortgelten und das grundlegende Regelwerk des EU-
Medienrechts bleiben[39]. Sie verdient also nach wie vor besondere Aufmerksamkeit, auch was ihre konzeptionellen Grundlagen betrifft.

In Grünbuch und Richtlinie geht es in der Hauptsache um die Verwirklichung
eines Gemeinsamen Rundfunkmarktes auf dem Boden des EWGV/EGV. Je-
nes ökonomisch und wirtschaftspolitisch inspirierte Liberalisierungskonzept
wurde in rechtlicher Hinsicht namentlich von dem Brüsseler Medienexperten
Ivo E. Schwartz entwickelt, und von ihm wurde es seit 1982 auch in der deutschen rechtswissenschaftlichen und rechtspolitischen Fachdiskussion vertre-

---

[35] Mitteilung der Kommission an den Rat: Fernsehen ohne Grenzen. Grünbuch über die
      Errichtung des Gemeinsamen Marktes für den Rundfunk, insbesondere über Satellit
      und Kabel, KOM(84) 300 endg. vom 14.6.1984.
[36] Richtlinie 89/552/EWG des Rates vom 3.10.1989 zur Koordinierung bestimmter
      Rechts- und Verwaltungsvorschriften der Mitgliedstaaten über die Ausübung der Fern-
      sehtätigkeit, ABl. 1989, Nr. L 298, S. 23. Auch abgedruckt in der Textslg.: Institut für
      Europäisches Medienrecht – EMR (Hrsg.), Europäisches Medien- und Telekommuni-
      kationsrecht, 1998, S. 25 ff.
[37] Richtlinie 97/36/EG des Europäischen Parlaments und des Rates vom 30.6.1997 zur
      Änderung der Richtlinie 89/552/EWG, ABl. 1997, Nr. L 202, S. 60. Auch in der
      Textslg. (Fn. 36), S. 41 ff.
[38] Neufassung in der Textslg. (Fn. 36), S. 63 ff.
[39] Vgl. Grundsätze und Leitlinien (Fn. 34), S. 10, 16 f.

ten[40]. Schon die ersten Vorstöße dieses Autors riefen freilich sogleich prinzi-
pielle, die vertraglichen Grundlagen und die national-verfassungsrechtliche
Dignität des Vorhabens betreffende Einwände hervor, und die Debatte wogte
dann jahrelang hin und her[41]. Dies hatte seinen Grund vor allem darin, daß
sich hier gewissermaßen ein Clash zweier Medienkulturen abzeichnete, kurz
gesagt: Marktmodell kontra Integrationsmodell[42].

Das Brüsseler Binnenmarkt-Projekt beruhte anfangs wohl auf der Vorstel-
lung, man könne und müsse die Rundfunkordnungen der Mitgliedstaaten auf
relativ niedrigem Niveau aneinander annähern, als Voraussetzung dafür, daß
das sog. Sendestaatsprinzip[43] als eine Art gemeinschaftsweites Free-Flow-
Prinzip eingeführt und dauerhaft durchgesetzt werden könnte. Europäische
Öffentlichkeit stellte sich hiernach als kontingente Größe, als publizistisch
gestaltlose „Rundfunkzone", als im wesentlichen marktförmiger „audiovisueller Raum" dar. Dies war nicht mehr der klassisch-liberale Marktplatz der
Ideen und Informationen, vielmehr sollte der Meinungsmarkt primär ökono-

---

[40] Zuerst *Schwartz*, GRUR Int. 1982, 713 ff., auch in: Seidel (Hrsg.), Hörfunk und Fernsehen im Gemeinsamen Markt, 1983, S. 147 ff. Unter häufigem Rückgriff auf das
Grünbuch dann *ders.*, in: Schwarze (Hrsg.), Fernsehen ohne Grenzen, 1985, S. 45 ff.;
ders., in: Magiera (Hrsg.), Entwicklungsperspektiven der Europäischen Gemeinschaft,
1985, S. 121 ff. Zum weiteren Fortgang *ders.*, in: Schwarze (Hrsg.), Rundfunk und
Fernsehen im Lichte der Entwicklung des nationalen und internationalen Rechts, 1986,
S. 99 ff.; *ders.*, AfP 1987, 375 ff.; *ders.*, EuR 1989, 1 ff.; *ders.*, ZUM 1989, 381 ff.;
ders., in: Stern u.a., Eine Rundfunkordnung für Europa, 1990, S. 11 ff.; auch in ZUM
1991, 155 ff.; *ders.*, AfP 1993, 409 ff. Zuletzt *ders.*, in: Schiwy/Schütz (Hrsg.), Medienrecht, 3. Aufl. 1994, S. 92 ff.

[41] Etwa *Stock*, in: Engler/Hoffmann-Riem (Hrsg.), Satelliten-Kommunikation, 1983, S.
40 ff.; *Scharf*, in: Entwicklungsperspektiven (Fn. 40), S. 147 ff.; *Delbrück*, Die Rundfunkhoheit der deutschen Bundesländer im Spannungsfeld zwischen Regelungsan-
spruch der Europäischen Gemeinschaft und nationalem Verfassungsrecht, 1986;
Ossenbühl, Rundfunk zwischen nationalem Verfassungsrecht und europäischem Gemeinschaftsrecht, 1986; *Hoffmann-Riem*, in: ders. (Hrsg.), Rundfunk im Wettbewerbs-
recht, 1988, S. 201 ff., auch in RuF 1988, 5 ff.; *Kleinsteuber*, in: ders. u.a. (Hrsg.), EG-
Medienpolitik, 1990, S. 35 ff.; *Dörr*, EWS 1991, 259 ff.; *Herrmann*, ebd. 269 ff.; *Rüggeberg*, VerwArch. 1992, 330 ff.; *Eberle*, in: ZDF (Hrsg.), ZDF Jahrbuch 95, 1996, S.
65 ff., ähnlich in ZUM 1995, 763 ff. Siehe auch *Kugelmann*, Der Rundfunk und die
Dienstleistungsfreiheit des EWG-Vertrags, 1991; *ders.*, Die Verwaltung 1992, 515 ff.;
Heinze, Fernsehen ohne Grenzen – um jeden Preis? 1993; *Meinel*, Grenzen europäischer Rundfunkrechtsetzung, 1993; *Petersen*, Rundfunkfreiheit und EG-Vertrag, 1994.

[42] Näher *Stock*, AöR 110 (1985), 219 ff.

[43] Dazu statt aller *Helberger*, ZUM 1998, 50 ff.

misch aufgezäumt, verkehrswirtschaftlich operationalisiert und dergestalt EG-weit harmonisiert werden. Zur Schlüsselfigur sollte nunmehr die Dienstleistungsfreiheit nach Art. 59 ff. EWGV (jetzt Art. 49 ff. EGV) werden, auch in Kombination mit Art. 10 EMRK in einer pressespezifisch-außenpluralen Lesart[44]. Daraus sollte sich eine transnationale Medienunternehmerfreiheit neuen Typs ergeben, als europaweit prägendes, machtvolles Konstrukt aus Gewerbe- und Tendenzfreiheit. Öffentlich-gemeinnützige Rundfunkanstalten sollten privat-kommerziellen Unternehmen dabei grundsätzlich gleichstehen. Auch sie sollten sich unter ein Marktgesetz beugen, von dem ihnen an der Wiege noch nichts gesungen worden war. Daß dies zu Unzuträglichkeiten führen könnte[45], sah man in Brüssel wohl. Jedoch zeigten sich die EWG-Kommission und deren marktorientierte Experten und Berater in diesem Punkt anfänglich sehr unsicher. Sie vermochten die modellmäßigen und systemischen Grundprobleme keineswegs klar zu benennnen.

c)   ***Wo bleibt das Public-Service-Prinzip?***

Mit einem „dualen Rundfunksystem" i.S. des deutschen Rundfunkrechts[46] verglichen, war dies ein bescheidener und wenig entwickelter regulatorischer

---

[44]   Vgl. *Mestmäcker,* in: Kaufmann u.a. (Hrsg.), Rechtsstaat und Menschenwürde, 1988, S. 269 ff.; *ders.* u.a., Der Einfluß des europäischen Gemeinschaftsrechts auf die deutsche Rundfunkordnung, 1990, S. 77 ff.; *Bullinger,* VBlBW 1989, 161 ff.; *Engel,* RuF 1989, 203 ff. Um Abgewogenheit bemüht *Astheimer,* Rundfunkfreiheit – ein europäisches Grundrecht, 1990; *dies., EWS 1991, 275 ff.; dies./Moosmayer,* ZUM 1994, 395 ff. Näher unten 2.b) ff.

[45]   Gegen die wirtschaftsliberale Forcierung der Menschenrechtskonvention ausführlich *Probst,* Art. 10 EMRK – Bedeutung für den Rundfunk in Europa, 1996; *Dörr,* Die Rolle des öffentlich-rechtlichen Rundfunks in Europa, 1997, S. 51 ff. Der Public-Service-Idee und dem deutschen kulturrechtlichen Herkommen verbundene EWG-Kritiker hatten gewisse Hoffnungen zunächst auf das – auf Europaratsebene ungefähr gleichzeitig mit der Richtlinie „Fernsehen ohne Grenzen" entstandene – Europäische Übereinkommen über das grenzüberschreitende Fernsehen vom 5.5.1989, BGBl. II 1994, S. 639, auch in der Textslg. (Fn. 36), S. 441 ff., gesetzt. Indes konnte diese Fernsehkonvention weiter keine Gegenkräfte mobilisieren. Dazu *Herrmann* (Fn. 33), S. 207 ff.; *Hesse* (Fn. 33), S. 327 ff.; *Holznagel* (Fn. 33), S. 187 ff. m.w.N. Durch das Änderungsprotokoll vom 9.9.1998, BT-Drucks. 14/2681, wird die Fernsehkonvention weitgehend an die neugefaßte EG-Fernsehrichtlinie (Fn. 38) angepaßt.

[46]   Vgl. die Präambel des Rundfunkstaatsvertrags (RStV) (Art. I des Mantelstaatsvertrags vom 31.8.1991, u.a. GVBl. N.-W. 1991, S. 408, zuletzt geändert durch Staatsvertrag vom 16.7./31.8.1999, u.a. GVBl. N.-W. 2000, S. 106). Zu Werdegang und Grundge-

Ansatz. Er schloß zwar Entstehung und Fortbestand eines anspruchsvolleren, auf nationalen Ressourcen beruhenden *europäisch-öffentlichen Sektors* nicht von vornherein aus, enthielt dafür aber keine geeigneten konzeptionellen Anknüpfungspunkte und weiterführenden Ideen. Die rundfunkspezifische Traditionslinie (unabhängiger Journalismus als *Public Service*), wie sie sich insbesondere in Großbritannien und in den deutschsprachigen Ländern herausgebildet hat[47], ist zwar heute in Europa – wie ein Blick auf die European Broadcasting Union (EBU)[48] zeigt – in eindrucksvoller Breite und Vielfalt präsent. Diese gemeinwohlorientierte Tradition wußte man aber in der EWG-Kommission, wie es scheint, nicht mehr recht zu verstehen und zu pflegen. Die öffentlich-rechtlichen Errungenschaften und Essentialien wollte man bei dem „Fernsehen ohne Grenzen" wohl nicht ganz und gar ausklammern. Man vermochte sie aber auch nicht als – gerade im Zuge der Europäisierung wichtige – tragende Elemente ins Spiel zu bringen. Der „klassische" Rundfunkauftrag[49] wurde nicht mehr deutlich ins Auge gefaßt, als Maßstab der Qualitätssicherung und Systembildung veranschlagt und von innen heraus auf die europäische Ebene übertragen. Vielmehr gedachte man das künftige europäische Medienrecht auf ein supra- bzw. transnationales relativ freizügiges, im wesentlichen dem pressespezifischen Herkommen folgendes Marktmodell zuzuschneiden.

---

danken dieses Regelwerks *Stock*, ZUM 1986, 411 ff.; *ders.*, RuF 1992, 189 ff.; *ders.*, JZ 1997, 583 ff., ähnlich in RuF 1997, 141 ff.

[47] Zum britischen Vorbild (BBC) *Hoffmann-Riem*, Regulating Media, 1996, S. 67 ff.; *Holznagel* (Fn. 33), S. 52 ff.; *Humphreys*, in: Internat. Handbuch (Fn. 33), S. 346 ff. Zur Nachkriegsentwicklung in Deutschland (ARD/ZDF) vergleichsweise *Hoffmann-Riem*, a.a.O. S. 114 ff.; *Holznagel*, a.a.O. S. 8 ff.; *Schuler-Harms*, in: Internat. Handbuch, S. 133 ff. Zu den verwandten Verhältnissen in Österreich (ORF) *Steinmaurer*, ebd. S. 449 ff., in der Schweiz (SRG) *Meier/Rathgeb*, ebd. S. 517 ff. Dazu die Textbeispiele unten III.2.c).

[48] Zu ihr *Zeller*, Die EBU, 1999. Ein materialreicher Überblick über sämtliche nationalen Rundfunkordnungen in Europa findet sich in dem Internat. Handbuch (Fn. 33), Teil B. Wie *Dörr* (Fn. 45), S. 10 ff., näher dargelegt hat, gibt es heute überall so etwas wie ein duales System.

[49] Vgl. BVerfGE 73, 118, 158; 74, 297, 325 f.; 83, 238, 297 f.; 90, 60, 90; 97, 228, 257 f. u.ö.

d) *Stückwerkstechnik*

Daß es beim kommerziellen Rundfunk erhebliche (nach dem BVerfG strukturell bedingte[50]), für duale Systeme schwer zu verkraftende programmliche
Qualitätsprobleme geben kann, wußte man wohl auch in Brüssel. Dem suchte
man allerdings mit interventionistischen Strategien zu begegnen, welche von
anderer Seite als medienfremd kritisiert wurden; sie erschienen nicht jedermann überzeugend.

aa) *Quotenregelungen*

Hierher gehört vor allem die standortpolitisch ansetzende „Förderung der
Verbreitung und Herstellung von Fernsehprogrammen" laut Kap. III der
Richtlinie „Fernsehen ohne Grenzen", mit der Präferenz und relativ weichen
Quotierung zugunsten „europäischer Werke" i.S. des Art. 6 der Richtlinie.
Die sog. Quotenregelungen des TV-Binnenmarktprogramms waren von vorn-
herein dem Vorwurf eines überzogenen Protektionismus zum Nachteil der
Rundfunkfreiheit ausgesetzt[51]. Dies führte in Deutschland zu einer Entschei-
dung des BVerfG (Zweiter Senat)[52], welche freilich in den medienrechtlichen
Kernfragen unergiebig blieb. Anläßlich der Novellierung von 1997 lebte die
Quotendebatte dann erneut auf[53]. Und wiederum wurde erkennbar: Mit der
Abwehr von „Amerikanisierung" im geläufigen peiorativen Sinn[54] ist es nicht
getan, wenn sich auch „europäische Werke" massenhaft – einer wirklichen
oder vermeintlichen Marktlogik folgend – sozusagen selbst amerikanisieren.
Funktionsadäquate und effiziente Methoden der Qualitätsförderung müßten
anders aussehen.

---

[50] Siehe BVerfGE 73, 118, 155 f.

[51] Siehe nur *von Bogdandy,* EuZW 1992, 9 ff.

[52] BVerfGE 92, 203 ff. = JZ 1995, 669 ff. mit Anm. *Zuleeg.* Dazu auch *Lerche,* AfP 1995,
632 ff.; *Bethge,* in: Wendt u.a. (Hrsg.), Staat, Wirtschaft, Steuern, 1996, S. 55 ff.

[53] Etwa *Niewiarra,* ZUM 1995, 758 ff.; *Schardt,* ebd. 734 ff.; *Hailbronner/Weber,* DÖV
1997, 561 ff.; *Knothe,* AfP 1997, 849 ff.; *Gundel,* ZUM 1998, 1002 ff.

[54] *Gellner* (Hrsg.), Europäisches Fernsehen – American Blend? Fernsehmedien zwischen
Amerikanisierung und Europäisierung, 1989. Zu den strukturellen Merkmalen und zu
den darauf beruhenden programmlichen Schwächen des US-Rundfunksystems näher
Hoffmann-Riem, Kommerzielles Fernsehen, 1981; *ders.* (Fn. 47), S. 11 ff.; *Kleinsteuber,* in: Internat. Handbuch (Fn. 33), S. 743 ff.

bb)   Förderungsprogramme

Innereuropäischer Free Flow bringt eben nicht wie von selbst Programman-
gebote hervor, welche auch höher gesteckten Zielen wie demjenigen der
„Bewahrung der kulturellen Vielfalt in der Gemeinschaft"[55] genügen. Davon
ging szt. auch die EWG-Kommission aus, und sie begann daraufhin mit einer
breit angelegten Subventionierung der europäischen Film- und Fernsehwirtschaft (in Ergänzung nationaler Förderung). 1991 wurde das Programm ME-
DIA I aufgelegt. Ihm folgte 1996 das Programm MEDIA II, das auch Ausbil-
dungsmaßnahmen, Projektentwicklung und Verbreitungsförderung umfaßte[56].
Auch die Förderung medientechnologischer Innovationen wurde nun in Brüssel aufgenommen und mit mehr oder minder großem Erfolg betrieben[57]. Alles
dies sind marktimmanent ansetzende, aber gewisse weiterreichende Qualitäts-
ziele verfolgende korrigierende Eingriffe. Damit wird allerdings gegen die
strukturellen Schwächen und Nachteile von Marktsteuerung[58] nichts auszurichten sein.

cc)   Keine rundfunkspezifische Konzentrationsbekämpfung

Auch der Problematik zunehmender wirtschaftlicher und publizistischer Konzentration und Machtballung läßt sich so nicht beikommen. Als bemerkenswert sei nun festgehalten: Im Europäischen Parlament gab es bereits seit den
frühen neunziger Jahren beachtliche Kräfte, welche auf strengere Regulierung
drängten als Kommission und Rat; dies auch im Blick auf die Integrität des
öffentlich-rechtlichen Rundfunks (den das Parlament höher schätzte und vor
übermächtiger kommerzieller Konkurrenz bewahren wollte). So verlangte das
EP nachhaltige supranationale Aktivitäten gegen die Medienkonzentration auf
dem privaten Sektor. Es forderte den Erlaß einer entsprechenden Richtlinie
und die Schaffung eines „Europäischen Medienrats" als unabhängigen öffentlichen Regulierers[59]. Die Kommission legte daraufhin ein Grünbuch über

---

[55] Eine Wendung aus den Erwägungsgründen der Richtlinie „Fernsehen ohne Grenzen".

[56] Näher *Kreile,* ZUM 1995, 753 ff.; *U. Schneider,* ebd. 769 ff.

[57] Vgl. zuletzt Grundsätze und Leitlinien (Fn. 34), S. 10. Für 2001-2005 wird dort ein
neues MEDIA PLUS-Programm angekündigt, S. 23.

[58] Dazu statt aller *Hoffmann-Riem,* in: Benda u.a. (Hrsg.), Handbuch des Verfassungsrechts der Bundesrepublik Deutschland, 2. Aufl. 1994, S. 191, 238 ff.

[59] Vgl. die Entschließung vom 16.9.1992, ABl. 1992, Nr. C 284, S. 44, auch in RuF 1993,
106 ff. Näher *Stock,* NWVBl. 1994, 321, 326.

Konzentrationsfragen vor[60], das eine Bestandsaufnahme enthielt und sodann gewissermaßen einigen guten Willen, aber auch erhebliche strukturpolitische Unsicherheit erkennen ließ. Es führte vorerst nur mehrere „Optionen" auf, beginnend mit Nichtstun und endend mit dem Erlaß einer EG-Antikonzentrationsrichtlinie sowie der Einrichtung eines beratenden „unabhängigen Ausschusses" aus Vertretern der innerstaatlichen Privatrundfunkaufsicht[61]. Das EP sprach sich daraufhin entschieden für letztere Optionen aus[62]. In der Kommission entstand dann auch tatsächlich ein Richtlinienentwurf[63], der indes nicht reüssierte. Nach längeren Konsultationen und mancherlei Interventionen[64] entschied sich die Kommission schließlich für die erste von ihr genannte Option: Es bedürfe derzeit keiner EG-weiten medienspezifischen Pluralismussicherung, vielmehr reiche nationale Konzentrations-

---

[60] Grünbuch der Kommission: Pluralismus und Medienkonzentration im Binnenmarkt. Bewertung der Notwendigkeit einer Gemeinschaftsaktion, KOM(92) 480 endg. vom 23.12.1992.

[61] Grünbuch, S. 114 ff. Dazu *Brühann*, ZUM 1993, 600 ff.; *Schwartz*, AfP 1993, 409, 418 ff.; *v. Wallenberg*, WuW 1993, 910 ff.; *Schellenberg*, DZWir 1994, 410 ff.; *Gruber*, Medienpolitik der EG, 1995, S. 188 ff.

[62] Entschließung vom 20.1.1994, ABl. 1994, Nr. C 44, S. 17 = BT-Drucks. 13/46.

[63] Er wurde dem Vernehmen nach von der Binnenmarkt-Generaldirektion ausgearbeitet und bezweckte eine Harmonisierung der unterschiedlichen nationalen Antikonzentrationsregelungen. Zu letzteren *Holznagel* (Fn. 33), S. 292 ff.; *Schellenberg*, Rundfunk-Konzentrationsbekämpfung zur Sicherung des Pluralismus im Rechtsvergleich, 1997. Dort S. 224 ff. auch zum medienspezifischen Regelungsbedarf auf EU-Ebene, i.Erg. zweifelnd. Siehe auch *Mailänder*, Konzentrationskontrolle zur Sicherung von Meinungsvielfalt im privaten Rundfunk, 2000. Positiv wird das Richtlinienprojekt bewertet, wer die heutige deutsche, überaus milde Konzentrationskontrolle näher in Augenschein nimmt und Vielfaltsicherung noch nicht aufgegeben hat, etwa aus industrie- und standortpolitischen Gründen. Dazu *Stock*, RuF 1999, 160 ff. m.w.N.

[64] Kritik und Ablehnung kamen hierzulande aus Kreisen der dt. Medienwirtschaft (Zeitungsverleger, „Senderfamilien") und sodann auch von Ländervertretern und Bundesregierung. Bundeskanzler *Kohl* sprach sich in einem Schreiben an Kommissionspräsident *Santer* im Juni 1997 deutlich gegen eine solche Richtlinie aus, was jüngst mit der CDU-Spendenaffäre in Verbindung gebracht worden ist. Vgl. *Ott*, SZ 2000, Nr. 29, S. 7. Zum Stand der Medienkonzentration in Deutschland *Röper*, Media Perspektiven 1999, 345 ff. m.w.N.

bekämpfung i.V.m. der allgemeinen europäischen Fusionskontrolle[65] zur Fernhaltung von Vermachtungen aus[66].

dd)   Öffentlicher Sektor: Funktionsgarantie?

In den eben beschriebenen Vorgängen bezeugt sich im Ergebnis – trotz anfänglicher vielversprechender Ansätze – eine auffällige regulatorische Schwäche. Auch in konzeptioneller Hinsicht hatte die Kommission hierbei keine glückliche Hand. Das gilt auch für die hinter alledem stehende, lange Zeit ungeklärt gebliebene Grundfrage, ob auf EU-Ebene eine dauerhafte duale Ordnung bestehen solle und wie diese ggf. im näheren auszugestalten wäre. Beträchtliche Schwierigkeiten zeigten sich insoweit auch in einem weiteren kritischen Punkt, nämlich in den rechtlichen Auseinandersetzungen über etwaige vom öffentlichen Sektor ausgehende programmliche und finanzielle Wettbewerbsverzerrungen zum Nachteil Privater. Gestritten wurde über die diesbezügliche Bedeutung der Grundregel des Art. 90 Abs. 2 (jetzt Art. 86 Abs. 2) und der Beihilfevorschriften der Art. 92 ff. (jetzt Art. 87 ff.) EGV. Die Kommission befaßte sich hiermit aus Anlaß von Angriffen privatkommerzieller Veranstalter auf die Handhabung der Funktions- und Finanzgarantie auf dem öffentlichen Sektor, u.a. bezüglich der deutschen Spartenprogramme Phoenix und Kinderkanal[67]. Dies führte zu einigen wie üblich sehr dissonanten juristischen Gutachten und Stellungnahmen[68]. In Brüssel kam man in dieser Angelegenheit nach und nach zu einer wohlwollenderen Haltung gegenüber dem Public-Service-Gedanken, nicht zuletzt auf Grund

---

[65]   Zu deren Stärken und Schwächen etwa *Fröhlinger,* in: Wittmann (Hrsg.), Kartellrecht und Medien in Europa, 1991, S. 7 ff.; *dies.,* RuF 1993, 59 ff.; *Wagner,* AfP 1992, 1 ff.; *Jestaedt/Anweiler,* EuZW 1997, 549 ff.; *Frey,* ZUM 1998, 985 ff.

[66]   Vgl. epd medien 1998, Nr. 43, S. 15 (Schreiben des Bundesjustizministers *Schmidt-Jortzig* an den BDZV).

[67]   Deren Rechtsbasis ist § 19 Abs. 2 RStV. Zu dessen Entstehung und medienpolitischem Stellenwert *Stock,* RuF 1997, 152 ff. Zum Programmprofil von Phoenix als Ereignis- und Dokumentationskanal *Radke,* Media Perspektiven 1997, 206 ff. Zum werbefreien Kinderkanal *Oberst,* ebd. 23 ff.; *Schäfer,* Media Perspektiven 1999, 626 ff.

[68]   Einerseits *Selmer/Gersdorf,* Die Finanzierung des Rundfunks in der Bundesrepublik Deutschland auf dem Prüfstand des EG-Beihilferegimes, 1994; *Holzer,* ZUM 1996, 274 ff.; *Engel,* Europarechtliche Grenzen für öffentlich-rechtliche Spartenprogramme?, 1996. Andererseits *Dörr/Cloß,* ZUM 1996, 105 ff.; *Oppermann,* Deutsche Rundfunkgebühren und Europäisches Beihilferecht, 1997; *Dörr,* Die Spartenkanäle von ARD/ZDF und das Europarecht, 1999. Zuletzt *Frey,* ZUM 1999, 528 ff.

der Amsterdamer Protokollerklärung über den öffentlich-rechtlichen Rundfunk in den EU-Mitgliedstaaten[69]. Gegen Phoenix und Kinderkanal gerichtete Beschwerden von VPRT, RTL, SAT 1 u.a. wies die Kommission kürzlich zurück[70]. Gänzlich ausgestanden ist der wettbewerbsrechtliche Streit bislang aber immer noch nicht[71].

2. Art. 49 ff. EGV i.V.m. Art. 10 EMRK: Transnationale Marktrundfunkfreiheit?

a) Grundrechtsdogmatische Fragestellung

Die geschilderten Schwierigkeiten und Unsicherheiten der EG-Medienpolitik haben ihren tieferen Grund wohl darin, daß die Kommission anfangs von einem allzu einfachen, offenkundig unterkomplexen und darum fehlerhaften modellmäßigen Leitbild ausgegangen ist und daß sie sich davon heute nur mit Mühe lösen kann. Es handelt sich um die vorhin umrissenen, seit dem Grünbuch „Fernsehen ohne Grenzen" in Brüssel beliebten Vorstellungen von einem Binnenmarktmodell und einer entsprechenden Marktrundfunkfreiheit, wie sie gern an Art. 59 ff. (jetzt Art. 49 ff.) EGV i.V.m. Art. 10 EMRK festgemacht wurden. Diese rechtsdogmatische Konstruktion wird den Verhältnissen im privaten Bereich immer weniger gerecht, und an den spezifischen Funktionen und Strukturen des öffentlich-rechtlichen Rundfunks geht sie kurzerhand vorbei. Sie steht auch allen Versuchen im Wege, national und europaweit ein funktionsfähiges duales System zustandezubringen und dauerhaft abzusichern. Denn sie ist der Sache nach – ob man das nun sieht und will oder

---

[69] Neuntes Protokoll zu dem Vertrag von Amsterdam vom 2.10.1997, ABl. 1997, Nr. C 340, S. 109 = BGBl. II 1998, S. 436. Auch in der Textslg. (Fn. 36), S. 21 und im Anhang, Nr. 9. Diese Erklärung wurde dem Vertrag von den Staats- und Regierungschefs in interpretativ-klarstellender Absicht beigefügt, auch im Blick auf obige Kontroversen. Weiter ausgeführt in der Entschließung des Rates und der im Rat vereinigten Vertreter der Regierungen der Mitgliedstaaten vom 25.1.1999 über den öffentlich-rechtlichen Rundfunk, ABl. 1999, Nr. C 30, S. 1, auch im Anhang, Nr. 10, mit bemerkenswerten Aussagen zur Qualitätsvorsorge auf dem öffentlichen Sektor, gerade auch im Blick auf den technischen Wandel. Dazu unten III.1.a).

[70] Bescheid vom 8.3.1999, abgedruckt epd medien 1999, Nr. 29, S. 27 ff. Auch in den Grundsätzen und Leitlinien (Fn. 34) kommt der öffentlich-rechtliche Rundfunk jetzt besser weg, S. 14 f.

[71] Dazu unten III.1.c).

nicht – darauf angelegt, den öffentlichen Integrationsrundfunk über kurz oder lang an den Rand zu drängen: Der Marktrundfunk auf der europäischen Triumphstraße, der Integrationsrundfunk aber dahinter im letzten Glied, marginalisiert, verkümmert, geknebelt.

Die Abfassung der EU-Grundrechtscharta bietet nun eine Gelegenheit, solchen unglücklichen Verläufen bereits auf grundrechtsdogmatischer Ebene vorzubeugen. Das nationale verfassungsrechtliche Herkommen sollte von vornherein und in vollem Umfang rezipiert[72] und in die neuen Garantietatbestände einbezogen werden. Unter diesem Gesichtspunkt scheint es angezeigt, gemeinnützig-öffentliche und privat-kommerzielle Grundrechtsdoktrin erst einmal klar voneinander abzugrenzen. Dies auch in praktischer Absicht: Die beiden Seiten sollten den jeweiligen Gegenspieler – als möglichen Partner im dualen System – möglichst gründlich kennenlernen. Ehe man Tisch und Bett miteinander teilt (oder aber unfriedlich agiert), sollte man über Neigungen und Absichten der anderen Seite genau im Bilde sein. Auch Vertragsparteien und EU-Organe müssen wissen, woran sie sind.

b) *Ein neoliberales Grundrechtskonzept als Exempel*

Ich betrachte die Dinge hier nun einmal aus der Perspektive des öffentlichen Sektors, und ich versuche die marktorientierte Gegenposition gewissermaßen zu Kontrastzwecken noch etwas schärfer herauszuarbeiten. Zu diesem Zweck halte ich mich an die 1993 von *Christoph Engel* vorgelegte programmatische Schrift über die Privatrundfunkfreiheit nach Art. 10 EMRK[73].

aa) *Ansatz und Stoßrichtung*

Gegenstand der Schrift ist das Recht auf „freie Meinungsäußerung" („freedom of expression", „liberté d'expression") nach Art. 10 EMRK. Der Autor entnimmt dem Artikel im Auslegungsweg eine Rundfunkunternehmerfreiheit als „liberales Abwehrrecht des privaten Veranstalters". Er will dieses dem „etatistischen Konzept des Bundesverfassungsgerichts" entgegenstellen und

---

[72] Wofür die Voraussetzungen im Fall Deutschlands besonders günstig sind. Der Konventsvorsitzende *Herzog* ist bekanntlich auch als GG-Kommentator hervorgetreten, und zwar hat er auch die Rundfunkfreiheit behandelt, in: Maunz/Dürig, Kommentar zum Grundgesetz, Art. 5 I, II Rdnrn. 193 ff. (1982/92).

[73] *Engel,* Privater Rundfunk vor der Europäischen Menschenrechtskonvention, 1993.

schreibt der EMRK „ein beachtliches Kritikpotential für das deutsche Recht" zu[74]. Das läßt schon erkennen:

Die Arbeit hat eine gezielt-politische, zumal grundrechtspolitische Stoßrichtung. Sie wendet sich gegen Rundfunkfreiheit als „*dienende* Freiheit"[75] nach dem Bilde des öffentlich-rechtlichen Rundfunks. Von der europäischen Ebene aus will sie dagegen eine Marktrundfunkfreiheit ungefähr à la Presserecht mobilisieren. Angestrebt wird vor allem eine marktmäßige Konversion der deutschen Verfassungsrechtsprechung, als Voraussetzung für eine weitgehende Deregulierung und Ökonomisierung des einfachen Rundfunkrechts. An anderer Stelle[76] hat *Engel* dies ausdrücklich als politisches Ziel proklamiert und nach Kräften – methodologisch etwas gewagt – betrieben. Auch in sonstigen Veröffentlichungen hat er diese Zielsetzung dann weiterverfolgt[77]. In der hier erörterten, ungefähr zeitgleich mit Grünbuch/Richtlinie „Fernsehen ohne Grenzen" erschienenen Studie will er dafür vom Europarecht aus die rechtsdogmatischen Grundlagen legen.

Eingangs wird kurz auf staatstheoretische Hintergründe des Karlsruher rundfunkrechtlichen Grundrechtskonzepts eingegangen, das von *Engel* mit einigem Recht auf *Rudolf Smend* und *Konrad Hesse* zurückgeführt wird[78]. Davon will sich der Autor alsbald ablösen. Er scheint darin eine unbequeme, eventuell schwer zu parierende Herausforderung und Antiposition zu erblicken und will zu ihr möglichst schnell auf Distanz gehen. Er bringt das FRAG-Urteil nur noch als eine Art dunkle, kaum noch verständliche Reminiszenz ins Spiel; im Kontrast dazu will er seine liberale Menschen- und Grundrechtsdoktrin

---

[74] Vorwort S. 8. *Mestmäcker* als Herausgeber weist dazu auf Art. F Abs. 2 EUV a.F. als Bindeglied zur EMRK hin: Die Anwendung der Konvention im Rahmen des Gemeinschaftsrechts verleihe der Untersuchung von *Engel* eine besondere Bedeutung für die Entwicklung einer europäischen Medienordnung (S. 7).

[75] Ständige Rspr. seit dem FRAG-Urteil BVerfGE 57, 295, 319 ff. Dazu *Grimm* (Interview), epd medien 1999, Nr. 65, S. 3 ff. Siehe auch *Stock*, ZG Sonderheft 1999, 5 ff. Anders *Degenhart*, K&R 2000, 49 ff.

[76] AfP 1994, 185 ff.

[77] Etwa oben Fn. 68.

[78] Vgl. *Engel* (Fn. 73), S. 25 ff. Zu *Smend* insoweit näher *Stock*, Medienfreiheit als Funktionsgrundrecht, 1985, S. 88 ff.

entwickeln[79]. Meinungsbildungsfreiheit im Publikum als oberster Richtwert der Medienverfassung, Rundfunk als Garant eines entsprechenden diskursivischen Öffentlichkeitszusammenhangs, insbesondere als „Medium und Faktor"[80] eines umfassenden Informationsangebots, professionell-publizistische selbständige Vermittlung einer derartigen öffentlichen Sphäre als Rundfunkaufgabe, Rundfunkfreiheit als Funktionsgrundrecht im Dienste der einschlägigen Jedermannsrechte (Informations-, Meinungsbildungs-, Meinungsäußerungs- und -verbreitungsfreiheit), mit Personalisation, Integration, Demokratieverwirklichung als normativem Hintergrund – das sind Vorstellungen, welche hier tunlichst gemieden werden. *Engel* geht daran eilends vorbei und läßt sich auf eine differenziertere Argumentation und Auseinandersetzung nicht ein.

Demgegenüber dann der forcierte „Perspektivenwechsel": Der liberale Ansatz der EMRK setze die Rundfunkfreiheit „als echtes Individualrecht wieder in ihr Recht ein"[81]. Gemeint ist damit eine primär wirtschaftsrechtlich konzipierte, marktorientierte Rundfunkveranstalterfreiheit (Tendenz- und Gewerbefreiheit) ohne jedwede institutionellen oder funktionalen Züge i.S. der deutschen rundfunkspezifischen Tradition. Dieses einfache Konzept ist *Engel* zufolge in Art. 10 EMRK in der Auslegung der Straßburger Organe, namentlich des EGMR, angelegt. Von dort aus soll es nun via EG/EU in die Interpretation der nationalen Kommunikationsgrundrechte einfließen[82]. Daraus ergibt sich ein Aufbau und Duktus sozusagen aus anwaltschaftlicher oder gutachterlicher Sicht (pro Privatrundfunk)[83]. Solcherart entsteht in praktischer Absicht ein umfängliches, im wesentlichen aus Art. 10 EMRK hergeleitetes Kompendium eines unternehmenszentrierten, auf private Akteure zugeschnittenen Rundfunkrechts.

---

[79] So mag sich der Umstand erklären, daß er das Urteil nicht einmal richtig zitiert: Leitbild von Art. 5 GG sei danach „der Prozeß der freien und individuellen Meinungsbildung" (S. 25, 26 u.ö.). Die *öffentliche* Dimension laut BVerfGE 57, 295, 319 wird übersehen.

[80] Funktionaler Schlüsselbegriff seit BVerfGE 12, 205, 260.

[81] *Engel* (Fn. 73), S. 27.

[82] Vgl. ebd. S. 27 ff., 38 ff. u.ö. Dazu oben Fn. 44, 45.

[83] Vgl. Überblick S. 32 f. und Zusammenfassung S. 439 ff.

bb) Schutzbereich

Das ganze kunstvoll elaborierte Thesengefüge steht und fällt in juristischer Hinsicht mit seinen privatnützig-subjektivrechtlichen, dem deutschen presse-spezifischen Herkommen[84] verwandten Prämissen (Marktrundfunkfreiheit als Menschenrecht). Das beginnt damit, daß ein schlichtes Äußerungsrecht als Jedermannsrecht die Konstruktionsbasis des gesamten Medienrechts sein soll. Art. 10 Abs. 1 Satz 1 EMRK enthält seinem Wortlaut nach lediglich ein solches Äußerungsrecht, in der deutschen amtlichen Version zusätzlich verengt auf *„Meinungs*äußerung". Dem Sinne nach soll darin aber ein allumfassendes „einheitliches Kommunikationsmenschenrecht" normiert sein, einschließlich einer Rundfunkfreiheit, welche hiernach „nur ein Modus der allgemein garantierten Meinungsäußerungsfreiheit" sein soll[85]. Medienfreiheit treffen wir hier also noch in einem frühen Entwicklungsstadium an, sie weiß noch nichts von funktioneller Differenzierung, Spezialisierung, Professionalisierung. Sie stellt sich noch als eine Art verbreitungstechnisches Anhängsel und Vollzugsinstrument der privaten Meinungsfreiheit eines – wohl gar als natürliche Person gedachten – Verlegers/Veranstalters dar, ggf. tendenzförmig verfestigt (und EG-rechtlich durch entsprechende wirtschaftliche Rechte unterfangen). Eine strukturlogisch selbständige und inhaltlich präzisierte, schon im Schutzbereich funktional gefaßte Medienfreiheit i.S. des FRAG-Urteils soll es europarechtlich nicht geben. Das dort von *Engel* wahrgenommene Einheitskonzept läuft vielmehr auf eine dominierende unspezifische Unternehmerfreiheit hinaus. Und das wäre eine Nacht, in der alle Katzen grau sind. Dergleichen auch in die EU-Charta zu übernehmen und so indirekt dem nationalen Verfassungsrecht aufzudrängen – das würde einer Harmonisierung auf Null-Niveau nahekommen, es würde uns im Medienrecht um Jahrzehnte zurückwerfen[86].

---

[84] Zu diesem *Stock,* in: Schwartländer/Riedel (Hrsg.), Neue Medien und Meinungsfreiheit, 1990, S. 59 ff. m.w.N.

[85] *Engel* (Fn. 73), S. 114, 439. Anders etwa *Stock* (Fn. 78), S. 157 ff.

[86] *Engel* freilich beteuert, die Straßburger Organe hätten die Menschenrechte inzwischen zu einem System ausgebaut, „das den deutschen Grundrechten in seiner Differenziertheit (in) nichts mehr nachsteht", S. 8. Er meint in der Konvention sogar eine „schlafende Schönheit" entdeckt zu haben, die es medienrechtlich endlich zu wecken gelte, AfP 1994, 1 ff.

Ein genauerer Blick auf den Normtext ergibt allerdings manche positiven Überraschungen: Wichtige Elemente des deutschen funktionalen Grundrechtskonzepts lassen sich bei unbefangener Lektüre auch in der Konvention auffinden. So kennt Art. 10 Abs. 1 Satz 2 EMRK eine Freiheit zum (transnationalen) „Empfang ... von Nachrichten oder Ideen" („to receive ... information and ideas", „de recevoir ... des informations ou des idées"). Er kennt eine Informationsfreiheit, die sich auch als Voraussetzung von Meinungsbildungsfreiheit begreifen und von dort aus tatbestandlich anreichern läßt: Recht auf *qualifizierte* Information, sc. *durch Rundfunk.* Dergestalt läßt sich auch die Brücke zur Rundfunkfreiheit als Medienfreiheit im wohlverstandenen Karlsruher Sinn schlagen: *Informations- und Meinungsbildungsfreiheit durch Medienfreiheit.* Denn in Art. 10 Abs. 1 Satz 2 EMRK ist auch von einer „Freiheit der Meinung" („freedom to hold opinions", „liberté d'opinion") die Rede, welche sich mittels systematischer Auslegung unschwer als Unterfall der Gedankenfreiheit nach Art. 9 EMRK, nämlich als Freiheit der Meinungs*bildung* identifizieren läßt[87]. Diese Freiheit läßt sich dann mit der – im selben Satz garantierten – Informationsfreiheit, wie in Deutschland geläufig, zusammensehen. Daraus können auch entsprechende funktionale Maßgaben für die Freiheit der Radio- und Fernsehunternehmen hergeleitet werden, die in Art. 10 Abs. 1 Satz 3 EMRK angesprochen werden. Letzterer Satz, die sog. Rundfunkklausel, erlaubt wohl auch eine gewisse Ausdifferenzierung und sinnvolle funktionsbezogene Kombination der verschiedenen in Art. 10 Abs. 1 enthaltenen einzelnen Schutzbereiche. Das wäre also ein Schritt weg von dem gedachten unentwickelten, kommerziell-unternehmerisch dominierten Einheitskonzept. Zu einer „Schönheit" wird Art. 10 EMRK dadurch noch nicht. Wohl aber läßt der – auf den ersten Blick spröde, ziemlich unübersichtliche – Text nun doch manches Interessante erkennen.

Nicht so *Engel,* der die eben umrissenen Zusammenhänge und Bedeutungsvarianten durchweg verfehlt oder abstreitet. Er verneint z.B. ein „Recht des Publikums auf ein Programm guter Qualität" und sucht Informations- und Meinungsbildungsfreiheit im medienrechtlichen Kontext auf die eine oder andere Weise ruhigzustellen[88]. Art. 10 Abs. 1 Satz 3 EMRK soll für den Schutzbe-

---

[87] Vgl. *Frowein/Peukert* (Fn. 20), Art. 10 Rdnr. 3 und 4; *Probst* (Fn. 45), S. 22.
[88] Vgl. *Engel* (Fn. 73), S. 75 f., 441 f.

reich der Rundfunkfreiheit weiter nichts – vor allem: keinen Ausgestaltungsvorbehalt im Karlsruher Sinn – ergeben, er soll nur auf Schrankenebene eine begrenzte Rolle spielen können (dazu sogleich). Die Ausführungen über journalistischen Professionalismus und journalistische Ethik[89] geben für das Grundrechtsthema nichts her. Über innere Medienfreiheit als Faktor programmlicher Qualitätsvorsorge[90] äußert der Autor sich defensiv und verständnislos[91]. Mit alledem deutet *Engel* die knappen Formeln und lakonischen Aussagen des Art. 10 Abs. 1 EMRK gerade nicht funktional, vielmehr sucht er sie im gegenteiligen Sinn (Tendenz- und Gewerbefreiheit) zu ordnen und zu systematisieren. Dabei stützt er sich, insoweit nicht ganz ohne Recht, auf einschlägige EGMR-Entscheidungen, vor allem auf das Groppera- und das Autronic-Urteil[92].

cc) Schranken

Auch in der Schrankenfrage zeigt sich *Engel* betont restriktiv-unternehmerfreundlich: Es gebe in der Konvention keinen generalklauselartigen Vorbehalt der „allgemeinen Gesetze" (wie in Art. 5 Abs. 2 GG). Art. 10 Abs. 2 EMRK enthalte einen Katalog einzelner legitimer Eingriffsziele, welcher prinzipiell erschöpfend gemeint sei und auch anderweitige, konventionsunmittelbare Schranken ausschließe. Problematisch seien daran das Ziel der „Aufrechterhaltung der Ordnung" („prevention of disorder", „défense de l'ordre") und

---

[89] S. 250 ff., 308 ff.

[90] Vgl. BVerfGE 83, 238, 318 ff.

[91] *Engel* (Fn. 73), S. 317 ff., 442. Ebenso *ders.,* AfP 1994, 1, 4 ff. Ähnlich *Kull,* AfP 1995, 551 ff.; *Kloepfer,* in: Staat, Wirtschaft, Steuern (Fn. 52), S. 155 ff. Ausführlich *ders.,* „Innere Pressefreiheit" und Tendenzschutz im Lichte des Artikels 10 der Europäischen Konvention zum Schutze der Menschenrechte und Grundfreiheiten, 1996 (englisch 1997). Dem lagen – wie im Fall der Konzentrationskontrolle (Fn. 64) – Abwehrbestrebungen der Medienwirtschaft gegen Regelungsinitiativen insb. aus dem EP zugrunde. Anders etwa *Hoffmann-Riem* (Fn. 58), S. 235 ff. m.w.N.

[92] EuGRZ 1990, 255 ff. und 261 ff. Die dortigen wiederum knappen und lakonischen Wendungen vermögen das Thesengebäude *Engels* indes nicht so recht zu tragen. Man kann diesen Texten auch den einen oder anderen Gesichtspunkt in umgekehrter Richtung abgewinnen. Siehe nur *Hoffmann-Riem* (Fn. 58), S. 260 f. Über die Presse als „Wachhund" zugunsten einer wohlinformierten Diskussion über öffentliche Angelegenheiten zuletzt EGMR, NJW 2000, 1015 ff. Daß das „dienende" (und als solches gesetzlicher Konstituierung und näherer Ausgestaltung bedürftige) Grundrecht der Rundfunkfreiheit eine typisch deutsche, europaweit nicht zu vermittelnde Besonderheit wäre, trifft bei Lichte besehen nicht zu.

dasjenige der „Rechte anderer" („rights of others", „droits d'autrui"). Letztere Schrankenelemente sucht der Autor tunlichst zu minimieren: Informations- und Meinungsbildungsfreiheit dürften nicht zu Rechten anderer gemäß Art. 10 Abs. 2 EMRK „hochstilisiert" werden. Der Ordnungsvorbehalt sei keineswegs als „allgemeiner Politikvorbehalt" oder als „Vorbehalt für das Funktionieren einer demokratischen Gesellschaft" zu lesen[93]. Auch in puncto Vielfaltsicherung und Konzentrationskontrolle äußert sich *Engel* hier zögernd. Der EGMR scheint ihm diesbezüglich 1990 schon zu weit gegangen zu sein[94].

Restriktiv möchte *Engel* im übrigen auch Art. 10 Abs. 1 Satz 3 EMRK als etwaige zusätzliche materielle Schranke der Veranstalterfreiheit – neben Art. 10 Abs. 2 – auslegen[95]. In der Rundfunkklausel sieht der Autor ein mögliches Einfallstor gegnerischer, stärker regulatorischer Kräfte, und er sucht den Verteidigungsring gerade auch an dieser Stelle abzudichten. Das – nach Erscheinen des Buchs ergangene – Lentia-Urteil des EGMR[96] allerdings geht in diesem Punkt nun doch deutlich in die entgegengesetzte Richtung, desgleichen dann entsprechende Stimmen in der juristischen Literatur[97]. Hiernach kann der Marktrundfunk vom Gesetzgeber gerade auch zugunsten der Menschenrechte auf der Publikumsseite in Pflicht genommen werden, einschließlich ihrer demokratischen Dimension. Er kann relativ strengen programmlich-qualitativen Anforderungen unterworfen werden. Im übrigen kann oder muß sich die Rundfunkfreiheit gerade auch in einem leistungsfähigen öffentlich-rechtlichen Rundfunk verkörpern[98]. Das zeigt schon: Mit seiner anderslautenden, strikt neoliberalen Option läuft *Engel* Gefahr, an der heutigen differenzierteren Entwicklung in Europa vorbeizugehen.

---

[93] *Engel* (Fn. 73), S. 70 ff., 452 ff.

[94] Vgl. S. 239 ff., 311 ff., 459 ff. sowie AfP 1994, 187 ff. Differenzierter dann *Engel,* in: Die Landesmedienanstalten (Hrsg.), Die Sicherung der Meinungsvielfalt, 1995, S. 221 ff.; *ders.,* Medienordnungsrecht, 1996, S. 27 ff.

[95] *Engel* (Fn. 73), S. 43 ff., 312 ff.

[96] EuGRZ 1994, 549 ff.

[97] Etwa *Kugelmann,* AfP 1994, 284 ff.; *Probst* (Fn. 45), S. 44 ff.; *Dörr* (Fn. 45), S. 50 ff.

[98] Über dessen „Menschenrecht" aus Art. 10 EMRK zurückhaltend *Engel* (Fn. 73), S. 71 ff., 218 ff., 374 ff. Noch restriktiver *ders.,* Medienordnungsrecht, S. 113 ff., mit „Empfehlungen" à la VPRT, S. 143 f.

c)   *Ein abschreckendes Beispiel*

Das Buch ist anscheinend im Blick auf eine medienpolitische Situation konzipiert worden, wie sie in Deutschland Mitte der achtziger Jahre bestand. Der Autor wendet sich gegen noch verbliebene Reste und Nachwirkungen des öffentlich-rechtlichen Rundfunkmonopols und ist darauf bedacht, privatkommerziellem Rundfunk überall optimale Marktchancen zu erschließen. Angestrebt wird ein Höchstmaß an nationaler und transnationaler wettbewerblicher Freizügigkeit. Der öffentliche Sektor erscheint aus dieser Sicht rückläufig und konzeptionell nebensächlich oder gänzlich überholt. Das ist eine Haltung, wie sie dann ähnlich bei Brüsseler Wirtschaftsliberalen wie dem Kommissar *Bangemann* zu beobachten war. Die Heranziehung von Art. 10 EMRK pflegte in diesem primär wirtschaftsrechtlichen Rahmen dazu zu dienen, das Grundrechtsdefizit des Gemeinschaftsrechts zu verringern, und zwar in der Weise, daß die Dienstleistungsfreiheit in publizistischer Hinsicht (Tendenzschutz) ergänzt und zu einer veritablen Medienunternehmerfreiheit ausgebaut werden sollte. Auf eine kurze Formel gebracht: Medienfreiheit wurde als *„verdienende* Freiheit" verstanden und nach Kräften vorangebracht. Dadurch sollte die *„dienende* Freiheit" zurückgedrängt, auf meritorische Güter beschränkt und eventuell marginalisiert werden.

Hier steht nun einiges auf dem Spiel. Für die weitere Entwicklung der europäischen Medienordnung gibt es unterschiedliche modellmäßige Konzepte, und diese basieren auf unterschiedlichen, bis heute weit auseinanderliegenden menschen- bzw. grundrechtsdogmatischen Ansätzen. Da ist einmal das Konzept eines Gemeinsamen Rundfunkmarkts und eines entsprechenden supranationalen Marktrundfunkstatuts. Dieses europäisierte Marktmodell ist auf erwerbswirtschaftlich betriebene, grenzüberschreitend oder gebietsneutral agierende Medien zugeschnitten. Solchen Medien verschafft es erhebliche Spielräume, und die *Engel*sche Lehre von der Marktrundfunkfreiheit als Menschenrecht will dieses Modell von Art. 10 EMRK aus rechtsdogmatisch untermauern. Zu kurz kommt dabei die andere, auf dem innerstaatlichen öffentlichen Sektor entstandene und heute ebenfalls europaweit verbreitete Traditionslinie: Public-Service-Idee, „klassischer Auftrag", konkreter Gebietsbezug, Integrationsmodell, Medienfreiheit als Funktionsgrundrecht. Das hier paradigmatisch erörterte, elegant geschriebene Buch ist mithin – anders als es

Autor und Herausgeber wünschen – als konzeptionelle Grundlage einer künftigen EU-Medienfreiheit keineswegs geeignet.

III. Europäische Medienfreiheit nach dem Millennium: Vom kommerzialisierten Menschenrecht zum Funktionsgrundrecht?

1. Neue konzeptionelle Bemühungen in der EU

a) Die Amsterdamer Protokollerklärung über den öffentlich-rechtlichen Rundfunk

In dem neunten Protokoll zu dem Vertrag von Amsterdam gehen die Vertragsparteien von der Erwägung aus, „daß der öffentlich-rechtliche Rundfunk in den Mitgliedstaaten unmittelbar mit den demokratischen, sozialen und kulturellen Bedürfnissen jeder Gesellschaft sowie mit dem Erfordernis verknüpft ist, den Pluralismus in den Medien zu wahren". Das waren 1997 neue, im Zeichen früherer Teilintegration (Wirtschaftsgemeinschaft) im Medienrecht nie gehörte Töne. Das genannte Dokument erblickt in einem leistungsfähigen öffentlichen Sektor nun wohl ein vielfaltsicherndes Element der Grundversorgung, auch als Gegengewicht zu dem heutigen hochkonzentrierten, zu immer größerer Macht gelangenden und mit den bisher diskutierten Mitteln (Antikonzentrationsrichtlinie u.ä.) kaum noch zu beeinflussenden kommerziellen Rundfunk. Fragen der Programmqualität werden nicht länger nur mit Instrumenten des Protektionismus und der Fondswirtschaft angegangen und im übrigen der marktmäßigen Kontingenz überlassen. Vielmehr beginnt man sich darum intensiver zu kümmern, wobei auch gesellschaftlich-kulturelle und zumal politisch-demokratische Dimensionen des Programmauftrags mehr Beachtung finden.

Dabei versteht die Protokollerklärung öffentlich-rechtlichen Rundfunk allerdings noch nicht als wirklich supranationale, d.h. einer übergreifend-europäischen Gesellschaft und Kultur und einem entsprechenden Staatenverbund oder Bundesstaat zugeordnete, integrationsfördernde publizistische Vermittlungseinrichtung. Daß er auch die Aufgabe haben könnte, eine europaweite lebendig-demokratische Öffentlichkeit zu schaffen und aufrechtzuerhalten, wie sie für eine veritable EU-Verfassung unverzichtbar wäre[99] – das wird hier wohl immer noch nicht klar gesehen. Er wird vielmehr nur als nationale Größe „in" den Mitgliedstaaten angesprochen, d.h. als deren Geschöpf und nicht als dasjenige der Gemeinschaft. Aus dem Konzert der vielen nationalen Stimmen mag sich dann auch so etwas ergeben wie eine supranationale Kommunikationskultur im Werden – das wird hier indes noch nicht genauer gesehen und weitergedacht.

Jedenfalls ist es hiernach nicht die EU, sondern es sind die einzelnen Mitgliedstaaten, die ihre Geschöpfe jeweils mit einem „öffentlich-rechtlichen Auftrag" ausstatten, welcher staatlicherseits „übertragen, festgelegt und ausgestaltet" wird; dies auch als Legitimation einer staatlich gewährleisteten Rundfunkfinanzierung, „sofern" letztere dem Programmauftrag „dient" und zu dessen Erfüllung erforderlich ist. Das große Thema, das in dem zitierten Erwägungsgrund anklingt (vom nationalen zum supranationalen Programmauftrag?), tritt dann in der vereinbarten Protokollbestimmung selbst zurück, und statt dessen machen sich wieder frühere Beengtheiten bemerkbar: primär wirtschaftlich-finanzielle Sichtweise, der qualifizierte Programmauftrag als etwaiges wettbewerbsverzerrendes Privileg und als Anlaß von Schutzvorkehrungen zugunsten privater Konkurrenten, Gebührenfinanzierung als mögliche Beeinträchtigung der Handels- und Wettbewerbsbedingungen in der Gemeinschaft, ein vages „gemeinsames Interesse"[100] als Abwägungs- und Kompromißfindungsmaßstab – das sieht eben doch noch nach einer Wirtschaftsunion aus, und nicht nach einer demokratisch-medienvermittelten Politischen Union. Hier bleibt also noch einiges zu tun.

---

[99] Projekte eines derartigen „Europäischen Fernsehens" sucht das EP schon seit 1980 anzustoßen. Damit hat die medienpolitische Diskussion in der EWG in den Tagen *Wilhelm Hahns* begonnen (was heute in Vergessenheit geraten ist). Die Kommission griff jene Begehren anfangs mehr verbal auf; sie konnte sie aber nicht recht verstehen und ließ sie dann links liegen. Sie konzentrierte sich auf ihr Marktmodell „Fernsehen ohne Grenzen", wollte die öffentlich-rechtliche Traditionslinie auf verbleibende innerstaatliche Reservate beschränken und ließ sich nicht einmal auf die Förderung eines ergänzenden „Europaprogramms" ein. Näher *Stock*, RuF 1989, 183 ff. m.w.N.

[100] Wohl identisch mit dem „Interesse der Gemeinschaft" nach Art. 86 Abs. 2 Satz 2 EGV. Zu dessen (vorrangig?) ökonomischen Parametern nach bisheriger Handhabung *Jung*, in: Calliess/Ruffert (Fn. 9), Art. 86 EGV Rdnr. 52.

b) Vielversprechende „Grundsätze und Leitlinien"

Die heute amtierende, mit neuem Elan angetretene EU-Kommission knüpft in ihren „Grundsätzen und Leitlinien" von 1999[101] an die Amsterdamer Protokollerklärung an und zeigt sich darum bemüht, hinsichtlich des öffentlich-rechtlichen Rundfunks und des dualen Systems zu einem „ausgewogenen Ansatz" zu gelangen[102]. Sie möchte dabei wohl auch endlich aus den Eierschalen des älteren Ökonomismus herauskommen. Wieder und wieder wird die „kulturelle und sprachliche Vielfalt" Europas als vorrangiges Schutzgut beschworen, auch im Blick auf US-Marktmacht, WTO-Aktivitäten, GATS-Vereinbarungen[103]. Dies erfordere ein entsprechendes Angebot qualitativ hochwertiger und anspruchsvoller, „die Identität der Völker Europas in Kultur und Sprache" widerspiegelndes Angebot audiovisueller Inhalte. Die „gesellschaftliche und kulturelle Rolle" der AV-Medien wird daraufhin nun als deren bestimmendes Merkmal angesehen und sogar zum eigentlichen Ausgangspunkt der Gemeinschaftspolitik auf diesem Sektor erklärt. Dabei wird vor allem auf Sozialisations- und Bildungsaufgaben der Medien in einem weit verstandenen Sinn abgestellt, einschließlich ihres Einflusses auf Bewußtseins- und politische Meinungsbildung[104]. Von hier aus ist es nur noch ein kleiner Schritt bis zur rechtlichen Umsetzung: Individuelle und öffentliche (Mei-

---

[101] Oben Fn. 34. Dazu *Schmittmann/Busemann,* AfP 2000, 149 ff.

[102] Vgl. die Zusammenfassung S. 2, in der auch Leitmotive aus der Ratsentschließung vom 25.1.1999 (Fn. 69) wiederkehren.

[103] Vgl. ebd. S. 24 ff. Dazu *Delbrück,* in: Internat. Handbuch (Fn. 33), S. 15, 20 ff. m.w.N.

[104] Vgl. die bemerkenswerte Passage in dem Grundsatzpapier (Fn. 34), S. 9: „Die audiovisuellen Medien spielen für das Funktionieren der modernen demokratischen Gesellschaften eine zentrale Rolle. Ohne ungehinderten Informationsfluß sind diese Gesellschaften nicht funktionsfähig. Zudem kommt den audiovisuellen Medien eine fundamentale Rolle in der Entwicklung und der Vermittlung sozialer Werte zu. Dies ist nicht nur dadurch begründet, daß sie weitgehend bestimmen, welche Fakten über die Welt und welche Bilder der Welt wir vermittelt bekommen, sondern auch weil sie – politische, soziale, ethnische, geographische, psychologische usw. – Begriffe und Kategorien prägen, die wir dazu gebrauchen, diese Fakten und Bilder begreifbar zu machen. Sie tragen also nicht nur dazu bei zu bestimmen, *was* wir von der Welt sehen, sondern auch *wie* wir sie sehen. Die audiovisuelle Industrie ist damit nicht einfach eine Industrie wie jede andere, sie produziert nicht nur Waren, die auf dem Markt verkauft werden wie alle anderen. Sie ist ohne Zweifel eine Kulturindustrie *par excellence.* Sie hat großen Einfluß darauf, was die Bürger wissen, glauben und fühlen, und sie hat eine entscheidende Funktion bei der Vermittlung, Entwicklung und sogar beim Aufbau kultureller Identität...".

nungs-)Bildungsfreiheit als konstitutionelle Grundlage des gesamten Medienrechts[105]. Daraus ergibt sich sodann wie von selbst eine neue Hochschätzung der regierungsunabhängigen öffentlich-rechtlichen Rundfunkanstalten, die die Kommission in den Mitgliedstaaten im „Dienst an der Öffentlichkeit" tätig sieht. Die Medienpolitik der EG habe sich diese Grundsätze und gemeinsamen Ziele zu eigen gemacht und im Rahmen ihrer spezifischen Aufgabenstellung gefördert, und das wolle sie auch weiterhin tun[106].

Das sind vielversprechende, auch für die geplante Grundrechtscharta relevante Ansätze. Sie werden von Nutzen sein, auch wenn es nun um die weiterreichende Frage geht: Wie kann die Fixierung der Reformdebatte auf die beschriebene ältere, von Hause aus pressespezifische und mittlerweile stark kommerzialisierte und vermachtete Version von Medienfreiheit als Menschenrecht (Gewerbe- und Tendenzfreiheit) definitiv überwunden werden? Wie kann die EU zu einer rundfunkspezifischen Lesart von europäischer Medienfreiheit kommen? Wohlgemerkt impliziert letzteres auch den Schritt weg von einer nur völkerrechtlich garantierten multinationalen bzw. transnationalen Marktfreiheit, hin zu einer europarechtlich-supranationalen, gebiets- und verbandsbezogenen Funktionsfreiheit. Das Integrationsmodell wäre dabei auch i.S. einer kommunikativ-kulturell ansetzenden Förderung europäischer Integration ins Spiel zu bringen[107]. Dieser Weg mag noch lang sein. Immerhin wird das Ziel nach und nach deutlicher erkennbar, und vielleicht ziehen ja EU-Kommission und EU-Parlament bald am selben Strang – davon wird dann auch der Europäische Rat nicht unbeeindruckt bleiben. Und in der Grund-

---

[105] Dazu statt aller *Rossen,* Freie Meinungsbildung durch den Rundfunk, 1988.

[106] Vgl. Grundsätze und Leitlinien (Fn. 34), S. 9 f., wo obige auffällige Akzentverschiebung (hin zu soziokulturellen und publizistischen Aspekten) allerdings diplomatisch verkleidet wird. Höflicherweise schreibt man die neue Orientierung auch schon dem älteren Konzept „Fernsehen ohne Grenzen" zu und sieht sich in dessen Kontinuität. Dafür ließen sich eher Neuerungen wie der 1997 auf Drängen des EP in die Richtlinie „Fernsehen ohne Grenzen" eingefügte Art. 3a (betr. Beschränkung von Exklusivrechten an Ereignissen von „erheblicher öffentlicher Bedeutung") anführen. Im übrigen bleibt auch die jetzige Kommission bei einer gleichsam summativ-multinationalen, patchworkartigen und dergestalt außenpluralen Vielfaltidee. Gelobt wird der Public Service „in" den Mitgliedstaaten. Von quasi-föderativen oder sonstwie integrativen Europa-Medien ist noch nichts zu lesen.

[107] Wofür gerade auch die „Medium- und Faktor-"Funktion in ihrer deutschen (Karlsruher) Fassung fruchtbar zu machen wäre. Siehe *Stock,* RuF 1989, 199 ff.

44

rechtscharta könnte sich die EU nun darauf verständigen, alledem mit großem normativem Nachdruck voranzuhelfen.

c)   Einige Schwierigkeiten mit dem Wettbewerb in dualen Systemen

Vorerst gibt es freilich auch noch Altlasten und ungeklärte Detailprobleme wie dasjenige einer funktionsgerechten programm- und finanzrechtlichen Regulierung öffentlich-privaten Wettbewerbs. In Deutschland war dafür der unlängst geführte Disput über einen etwaigen limitierten „Funktionsauftrag" von ARD/ZDF einschlägig[108], den man hierzulande im politischen Raum durch die vierte RStV-Novelle[109] erledigen wollte. Wie sieht dies aber nun die EU-Kommission?

Auch insoweit hält sich die Kommission in ihrem Grundsatzpapier von 1999 an die Amsterdamer Protokollerklärung: Einerseits „Anerkennung" und hohes Lob für den innerstaatlichen öffentlichen Sektor[110], andererseits ein angestrengtes Bemühen um programmlich-finanzielle „Ausgewogenheit" im dualen System, wobei aber noch kein fortgeschrittenes medienstrukturelles Rahmenkonzept erkennbar wird. Die Kommission denkt wohl an eine vertikale Aufteilung der Definitions- und Entscheidungskompetenzen in der Weise, daß die Mitgliedstaaten grundsätzlich über Aufgabenstellung und Finanzierung öffentlich-rechtlichen Rundfunks zu bestimmen haben, dies indes unter Vorbehalt eines von Kommission bzw. EuGH zu definierenden, eher marktorientierten und tendenziell gegenläufigen „gemeinsamen Interesses" nach Art. 86 Abs. 2 EGV. Der neuralgische Punkt liegt nun nach wie vor bei der Art und Weise der Abwägung und Ausbalancierung in concreto[111]. Immerhin gibt die

---

[108] Als Protagonisten seien genannt einerseits *Bullinger,* Die Aufgaben des öffentlichen Rundfunks, 1999 (Bertelsmann-Gutachten), andererseits *Holznagel/Vesting,* Sparten- und Zielgruppenprogramme im öffentlich-rechtlichen Rundfunk, insb. im Hörfunk, 1999 (NDR-Gutachten) sowie *Holznagel,* Der spezifische Funktionsauftrag des Zweiten Deutschen Fernsehens, 1999 (ZDF-Gutachten). Dazu *Ladeur,* Medien und Kommunikationswissenschaft (M&K, bisher: RuF) 2000, 93 ff.

[109] Oben Fn. 46.

[110] Grundsätze und Leitlinien (Fn. 34), S. 14: „Das öffentlich-rechtliche Fernsehen spielt in den Mitgliedstaaten der Gemeinschaft eine wichtige Rolle – dies gilt hinsichtlich der kulturellen und sprachlichen Vielfalt, der Bildungsprogramme, der objektiven Information der Öffentlichkeit, der Gewährleistung des Pluralismus und frei zugänglicher, qualitativ hochwertiger Programme."

[111] Vgl. ebd. S. 14 f. und dazu oben Fn. 100.

Kommission dafür jetzt einen ersten inhaltlichen Richtwert vor[112], in dem sich die veränderte Perspektive recht deutlich ausdrückt. Den VPRT allerdings läßt dies nicht ruhen, und in Brüssel scheint die Angelegenheit noch nicht ausdiskutiert[113].

d) Regulierungsfragen in der Multimedia-Ära

Dies betrifft auch Fragen der Weiterentwicklung des Rundfunkwesens in der Ära der Digitalisierung und neuen Vernetzung. In hiesiger Sicht geht es dabei insbesondere um Elemente einer Funktionsgarantie für den öffentlich-rechtlichen Rundfunk, gerade auch im Blick auf neue Techniken und neue Dienste. Eine profunde Garantie solcher Art ist vom BVerfG bekanntlich in langjähriger Rechtsprechung herausgearbeitet und immer wieder bekräftigt worden, mit der Folge, daß in Deutschland ein einigermaßen ansehnliches duales System entstanden ist[114]. Die vierte RStV-Novelle[115] ist in diesen Bahnen geblieben; sie hat ARD und ZDF fürs erste eine beachtliche Entwicklungsmarge zugestanden[116]. In Politik und Wissenschaft wird über den weiteren Gang der Dinge allerdings heftig gestritten, wobei auch ganz andere Vor-

---

[112] „...damit insbesondere die öffentlich-rechtlichen Sendeanstalten in Europa die Möglichkeiten der neuen Informationstechnologie in vollem Umfang nutzen und ihren jeweiligen öffentlich-rechtlichen Auftrag, der auf jeden Fall von den Mitgliedstaaten definiert werden sollte, wirksamer als bisher erfüllen können" (S. 15).

[113] Über verschiedene Äußerungen der Kommissarin *Viviane Reding,* welche insoweit als widersprüchlich bewertet werden könnten, epd medien 2000, Nr. 17, S. 19 und Nr. 25, S. 12. Danach geht es nunmehr um einen Ende 1999 von der Wettbewerbsdirektion der Kommission vorgelegten Entwurf zur Änderung der Richtlinie 80/723/EWG über die Transparenz der finanziellen Beziehungen zwischen den Mitgliedstaaten und den öffentlichen Unternehmen, bekanntgemacht ABl. 1999, Nr. C 377, S. 2. Hierunter sollen auch die ARD-Anstalten und das ZDF fallen. Sie sollen ihr Budget womöglich nach dem Motto aufteilen: „Werbeeinnahmen für volkstümliche oder Gewinn bringende Sendungen, Gebühren ... für öffentlich-rechtliche Aufgaben". Auch das Beihilfeverbot wird von *Reding* wieder genannt. Es bleibt zu hoffen, daß sich dieser Spuk bald verflüchtigt.

[114] Dazu *Eifert/Hoffmann-Riem,* in: Schwarzkopf (Hrsg.), Rundfunkpolitik in Deutschland. Wettbewerb und Öffentlichkeit, Bd. 1, 1999, S. 50 ff. Über Zukunftsaspekte auch *Eifert,* epd medien 2000, Nr. 11, S. 3 ff.

[115] Oben Fn. 46. Dazu *A. Hesse,* ZUM 2000, 183 ff.

[116] Dazu etwa *Reiter,* Media Perspektiven 1997, 410 ff.; *Voß,* Revolution im Rundfunk? 1999; *Stolte,* in: ZDF (Hrsg.), ZDF Jahrbuch 98, 1999, S. 53 ff.

stellungen von der Zukunft der elektronischen Medien begegnen[117]. Bald wird die heute sich abzeichnende stärkere Flexibilisierung und Ausdifferenzierung alter und neuer Medienangebote zum Anlaß genommen, einen revolutionären Umbruch vorauszusagen: Man prophezeit und wünscht sich für den öffentlich-rechtlichen Rundfunk eine Art Götterdämmerung, nämlich eine flächendeckende Privatisierung und zunehmende Individualisierung im Zeichen technischer und publizistischer Konvergenz. Bald wird aber auch eine bedächtigere, auf Kontinuität und allmählich fortschreitende Innovation angelegte Haltung eingenommen. Die einen suchen sich als „Junge Wilde" des Medienrechts zu profilieren, die anderen finden daran keinen Gefallen und geben sich mehr pragmatisch. Mit diesen Fragen hat sich nun auch die EU-Kommission befaßt. In ihren „Grundsätzen und Leitlinien" von 1999 hat sie darauf maßvolle vorläufige, auf einem evolutionären Ansatz beruhende Antworten gegeben. Diese Thematik wird auch den EU-Grundrechtskonvent beschäftigen müssen, und er wird das Brüsseler Grundsatzpapier auch insoweit zum Ausgangspunkt nehmen können.

In dem Papier wird an das 1997 von dem Kommissar *Bangemann* vorgelegte Grünbuch über Konvergenzfragen[118] und an die Ergebnisse der dazu von der damaligen Kommission veranlaßten Konsultation[119] angeknüpft. Anhand des-

---

[117] Vgl. das breite Spektrum: *Hoffmann-Riem/Vesting*, in: dies. (Hrsg.), Perspektiven der Informationsgesellschaft, 1995, S. 11 ff.; *Stock*, ebd. S. 142 ff.; *Engel*, ebd. S. 155 ff.; *Ladeur*, ebd. S. 172 ff. Näher dann *Stock* (Fn. 75), u.a. zu *Schoch*, VVDStRL 57 (1997), 1998, S. 158 ff. Siehe auch *Schoch*, in: Schuppert (Hrsg.), Jenseits von Privatisierung und „schlankem" Staat, 1999, S. 221 ff. Anders *Hoffmann-Riem*, in: Tauss u.a. (Hrsg.), Deutschlands Weg in die Informationsgesellschaft, 1996, S. 568 ff.; *Schulz*, ZUM 1996, 487 ff.; *Holznagel*, in: Prütting u.a., Die Zukunft der Medien hat schon begonnen – Rechtlicher Rahmen und neue Teledienste im Digitalzeitalter, 1998, S. 37 ff.; *ders.*, ZUM 1999, 425 ff.; *ders.*, ZG Sonderheft 1999, 23 ff.; *Schulz* u.a., Digitales Fernsehen, 1999. Zuletzt *Hoffmann-Riem*, M&K 2000, 7 ff.; *Vesting*, epd medien 2000, Nr. 24, S. 3 ff.; *Schulz/Held*, ebd. Nr. 30, S. 8 ff.

[118] Grünbuch zur Konvergenz der Branchen Telekommunikation, Medien und Informationstechnologie und ihren ordnungspolitischen Auswirkungen, KOM(97) 623 endg. vom 3.12.1997. Dazu aus Brüsseler Sicht *Bartosch*, ZUM 1998, 209 ff. Siehe auch *Klotz*, ZUM 1999, 443 ff.

[119] Mitteilung der Kommission an das Europäische Parlament, den Rat, den Wirtschafts- und Sozialausschuß und den Ausschuß der Regionen: Die Konvergenz etc. Ergebnisse der öffentlichen Konsultation zum Grünbuch, KOM(99) 108 vom 9.3.1999. Vorausgegangen war eine weitläufige, in Deutschland sehr kontroverse Diskussion mit zahlreichen kritischen Stellungnahmen, etwa: Beschluß des Bundesrates vom 27.3.1998, BR-

sen werden von der Kommission Prioritäten für die nächsten fünf Jahre sowie mittelfristige Ziele und Grundsätze festgelegt, näherhin wie folgt: Man erwartet auf dem audiovisuellen Sektor über kurz oder lang „schier unerschöpfliche Möglichkeiten", vor allem via Internet. Dieses Wachstumspotential gelte es tunlichst innereuropäisch auszuschöpfen. Daraus werde sich wahrscheinlich ein gewisser Änderungsbedarf bei Regulierungs- und Förderungskonzepten ergeben. Ihre vorhin wiedergegebenen grundlegenden Ziele (Bewahrung „kultureller Vielfalt", Beibehaltung und Stärkung des öffentlichen Sektors) sieht die Kommission durch die Digitalisierung aber nicht in Frage gestellt. Die Marktentwicklung müsse jedoch auch künftig genau beobachtet werden, und der entsprechende ordnungspolitische Handlungsbedarf sei „evolutionär statt revolutionär" zu decken[120]. Dabei empfehle sich eine getrennte Vorgehensweise bei der Regelung der Übertragungsinfrastruktur und derjenigen der Inhalte. Über Network Regulation hatte sich die Kommission auch schon in anderen Stellungnahmen geäußert, auf die sie in diesem Zusammenhang verweist[121]. Im Vordergrund steht nunmehr Content Regulation. Diese soll „technologieneutral" vor sich gehen, d.h. nicht netz-, sondern inhaltsspezifisch: Inhaltlich identische Dienste sollen im Prinzip auf dieselbe

---

Drucks. 1064/97 (Beschluß); *Knothe,* K & R 1998, 95 ff.; *Kuhn,* epd medien 1998, Nr. 38, S. 9 ff. Auch das EP hatte sich zu dem Grünbuch distanziert-kritisch geäußert, Entschließung vom 22.10.1998, ABl. 1998, Nr. C 34, S. 136. Davon hat die jetzige Kommission manches aufgenommen. Eingegangen sind in ihre Überlegungen außerdem die Resultate der Europäischen Konferenz über audiovisuelle Medien im April 1998 in Birmingham sowie der Bericht der Hochrangigen Gruppe für Audiovisuelle Medien unter Vorsitz des Kommissars *Oreja* vom Oktober 1998, dokumentiert in epd medien 1998, Nr. 91. Vgl. Grundsätze und Leitlinien (Fn. 34), S. 10 ff.

[120] Vgl. ebd. S. 2, 6 ff. Darin liegt implizit eine Absage an die radikale Option 3 i.S. des Grünbuchs (Fn. 118), S. 41 f. (neoliberale „neue Ordnung" à la Pressemodell). Statt dessen hat sich die dortige schonende Option 1 (Aufbau auf bestehende Regulierungsstrukturen) klar durchgesetzt.

[121] Vor allem in der Mitteilung der Kommission an das Europäische Parlament, den Ministerrat, den Wirtschafts- und Sozialausschuß und den Ausschuß der Regionen: Entwicklung neuer Rahmenbedingungen für elektronische Kommunikationsinfrastrukturen und zugehörige Dienste. Kommunikationsbericht 1999, KOM(1999) 539 endg. vom 10.11.1999, mit fünf allg. Grundsätzen für künftige Regulierungsmaßnahmen, welche nach den Grundsätzen und Leitlinien (Fn. 34), S. 11 f., auch für Inhaltsregulierung gelten sollen. Dazu gehört u.a. der Verhältnismäßigkeitsgrundsatz, der in dieser Handhabung mit dem Prinzip der abgestuften Regelungsdichte i.S. des deutschen Sprachgebrauchs verwandt ist.

Art und Weise geregelt werden, unabhängig von der Übertragungstechnik[122]. Rundfunkbegriff und Rundfunkverfassung sind hiernach keineswegs von baldiger individualisierender Auflösung bedroht, vielmehr rechnet man jedenfalls auf Sichtweite mit ihrem Fortbestand und sieht im Fernsehen auch weiterhin das (durch neue Dienste ergänzte) Leitmedium. Was dazu im einzelnen gesagt wird, geht über die vorhin referierten Prinzipien und Vorgaben nur punktuell hinaus; das mag hier auf sich beruhen. Als bemerkenswert sei der evolutionäre Grundgedanke des Papiers festgehalten, nämlich daß „ordnungspolitische Rahmenbedingungen für audiovisuelle Inhalte keinesfalls neu geschaffen werden müssen, sondern daß die Gemeinschaft vielmehr die sich vollziehenden Veränderungen am besten kontrollieren kann, indem sie auf den bestehenden Instrumenten und Grundsätzen aufbaut und, wo dies angebracht erscheint, Initiativen zur Selbstkontrolle fördert"[123]. Auch über Zukunftsfragen der Medienaufsicht finden sich ein paar moderate Bemerkungen: Regulierungsbehörden müßten unabhängig von Regierungen und Betreibern sein. Technische Konvergenz erfordere insoweit eine engere, eventuell auch europaweite Zusammenarbeit der Regulierer in einem besonderen „Forum"[124].

e)   Ein bleibendes Desiderat: Unabhängiger Journalismus

Alles dies wird von der jetzigen Kommission in schonendem Duktus vorgebracht und ist in einem nachdenklichen Ton gehalten – was m.E. vorteilhaft ist und manche Anregungen ergibt. Im Blick auf die neu zu formulierende EU-Medienfreiheit sei noch eine ergänzende Anmerkung erlaubt:

---

[122] Vgl. ebd. S. 11. Das betrifft elementare Streitfragen hinsichtlich Rundfunk und Internet, siehe etwa *Bullinger*, AfP 1996, 1 ff.; *Hoffmann-Riem*, ebd. 9 ff.; *Degenhart*, ZUM 1998, 333 ff.; *Michel*, ebd. 350 ff.; *Jarass*, AfP 1998, 133 ff.

[123] Grundsätze und Leitlinien (Fn. 34), S. 12. Über Selbstkontrolle näher S. 15 f. unter Hinweis auf die Schlußfolgerungen des Rats zur Selbstkontrolle angesichts der Entwicklung neuer Mediendienste vom 27.9.1999, ABl. 1999, Nr. C 283, S. 2. Dies berührt sich mit der Hamburger Idee „regulierter Selbstregulierung", etwa bei *Hoffmann-Riem*, Bertelsmann-Briefe Nr. 134 (1995), 52 ff.

[124] Vgl. Grundsätze und Leitlinien (Fn. 34), S. 16. Darin klingen Konzepte der Vernetzung durch einen „Kommunikations-" oder „Medienrat" an, wie sie in Deutschland seit längerem diskutiert werden. Siehe etwa *Jarren/Schulz*, in: Rundfunkpolitik in Deutschland (Fn. 114), S. 117, 145 ff.; *Paulweber*, AfP 1999, 439 ff.; *Hoffmann-Riem* u.a., Konvergenz und Regulierung, 2000; *Rossen-Stadtfeld*, ZUM 2000, 36 ff. Im übrigen *Geppert*, Europäischer Rundfunkraum und nationale Rundfunkaufsicht, 1993.

Im Vordergrund der Diskussion über neue Steuerungsprobleme steht das Bemühen um Zugangsoffenheit i.S. von Chancengleichheit auf der Anbieter-
und möglichst auch auf der Nutzerseite. Dieser relativ marktkonforme Ansatz
findet zusehends Anklang. Anders sieht es allerdings bei Content Regulation
aus. Eine vielerörterte Schwierigkeit liegt darin, dem Problem qualitativer
Vielfaltsicherung im digitalisierten Rundfunk und in rundfunkähnlichen Me-
diendiensten beizukommen. Als Kernpunkt erweist sich angesichts neuartiger
aufgelockerter, stärker ausdifferenzierter Netzwerkstrukturen nicht mehr eine
material-inhaltliche, sondern eine prozedurale, auf der binnenplural ansetzenden Diskursidee heutigen avancierten Programmrechts[125] beruhende Vielfaltsicherung. Grundsätzlich fortdauern und – in wie auch immer abgewandelter
Form – rechtlich gewährleistet werden muß dann vor allem eine qualifizierte
journalistische Vermittlungsfunktion, kurz gesagt: Es muß auch weiterhin
Journalismus und journalistische Unabhängigkeit auf dem Boden des „Medi-
um- und Faktor"-Prinzips geben. Dies ist durch geeignete, auch strukturell
wirksame Vorkehrungen abzusichern[126]. Das müßte, wie mir scheint, auch im
Steuerungsdisput und in der Verfassungsdebatte das Thema Nummer eins
werden.

2. Europäisches Medienrecht vor einer konstitutionellen Wei-
chenstellung: „Dienende" und/oder „verdienende" Freiheit?

a) Art. 10 EMRK als Ausgangspunkt?

Nun zurück zu den Arbeiten an der EU-Charta: Wie sollte die dort zu ge-
währleistende Medienfreiheit näherhin aussehen? Dazu gab es im Vorfeld der
jetzigen Beratungen nur wenige öffentliche Stellungnahmen und Formulie-

---

[125] Siehe etwa §§ 4-5 WDR-G sowie §§ 11-12 LRG NW, beide jetzt i.d.F. vom 25.4.1998
(GVBl. N.-W. S. 265 bzw. 240). Dabei gehen beide Gesetze von der Karlsruher „Me-
dium- und Faktor"-Formel aus (§ 4 Abs. 1 Satz 1 WDR-G, § 11 Satz 1 LRG NW). Im
Wortlaut zitiert unten 2.c) aa). Näher *Stock*, Landesmedienrecht im Wandel, 1986, S.
40 ff. (WDR-G); *ders.*, Neues Privatrundfunkrecht, 1987, S. 19 ff. (LRG NW).

[126] Eine derartige Medienfunktion ist aus zweierlei Richtung von dysfunktionalen Einwirkungen bedroht: einerseits durch Zerfaserung und Zersplitterung, andererseits durch
Konzentration und Vermachtung. In beiden Richtungen ist sie schutzbedürftig. In letzterer Hinsicht geht es um *„innere"* Medienfreiheit – eine zu Unrecht vergessene Kate-
gorie!

rungsvorschläge. Zunächst sei der positivrechtliche Ausgangspunkt der Debatte noch einmal in Erinnerung gerufen: Nach geltendem Recht ist hier Art. 10 EMRK (in „prätorischer" Umsetzung über Art. 6 Abs. 2 EUV) sozusagen Platzhalter. Die Bestimmung sei noch einmal in vollem Wortlaut wiedergegeben:

> „(1) Jeder hat Anspruch auf freie Meinungsäußerung. Dieses Recht schließt die Freiheit der Meinung und die Freiheit zum Empfang und zur Mitteilung von Nachrichten oder Ideen ohne Eingriffe öffentlicher Behörden und ohne Rücksicht auf Landesgrenzen ein. Dieser Artikel schließt nicht aus, daß die Staaten Rundfunk-, Lichtspiel- oder Fernsehunternehmen einem Genehmigungsverfahren unterwerfen.
>
> (2) Da die Ausübung dieser Freiheiten Pflichten und Verantwortung mit sich bringt, kann sie bestimmten, vom Gesetz vorgesehenen Formvorschriften, Bedingungen, Einschränkungen oder Strafdrohungen unterworfen werden, wie sie vom Gesetz vorgeschrieben und in einer demokratischen Gesellschaft im Interesse der nationalen Sicherheit, der territorialen Unversehrtheit oder der öffentlichen Sicherheit, der Aufrechterhaltung der Ordnung und der Verbrechensverhütung, des Schutzes der Gesundheit und der Moral, des Schutzes des guten Rufes oder der Rechte anderer, um die Verbreitung von vertraulichen Nachrichten zu verhindern oder das Ansehen und die Unparteilichkeit der Rechtsprechung zu gewährleisten, unentbehrlich sind."

Es ist damit zu rechnen, daß diejenigen, die die EMRK insgesamt möglichst unverändert als Fundament einer EU-Grundrechtscharta übernehmen wollen, sich auch dafür aussprechen werden, Art. 10 in seiner heutigen Fassung beizubehalten. Solche Beharrungstendenzen – seien sie nun mehr gewohnheitsmäßig begründet oder aber genauer durchdacht – haben sich auch bereits in den beiden früher vom Europäischen Parlament vorgelegten Grundrechtskatalogen gezeigt. In der Grundrechtserklärung von 1989[127] findet sich in Art. 5 unter der Überschrift „Meinungs- und Informationsfreiheit" (nicht auch: Medienfreiheit) eine überwiegend wörtliche Wiederholung (nur) des Art. 10 Abs. 1 Sätze 1 und 2 EMRK, wobei Satz 2 teils gekürzt, teils ergänzt worden ist:

> „1. Jeder hat das Recht auf freie Meinungsäußerung. Dieses Recht schließt die Freiheit der Meinung und die Freiheit zum Empfang

---

[127] Siehe oben Fn. 13.

und zur Mitteilung von Nachrichten oder Gedanken, insbesondere weltanschaulicher, politischer oder religiöser Art, ein."[128]

Ähnlich mit gleichlautender Überschrift der Verfassungsentwurf von 1994[129] in Titel VIII Nr. 5, wo die 1989 vorgenommene Ergänzung wieder entfallen ist:

> „a) Jeder hat das Recht auf freie Meinungsäußerung. Dieses Recht schließt die Freiheit der Meinung und die Freiheit zum Empfang und zur Mitteilung von Nachrichten oder Gedanken ein."

Diese beiden Entwürfe enthalten die Meinungsäußerungs- und die Informationsfreiheit sowie ansatzweise – präzisierender Auslegung etwa anhand der Rechtsprechung des BVerfG bedürftig[130] – die Meinungsbildungsfreiheit. Das sind die elementaren Kommunikationsgrundrechte, wie sie auch nach Art. 5 Abs. 1 Satz 1 GG jedermann zustehen. Dabei wird (an anderer Stelle[131]) nur ungenau auf die Schrankenfragen eingegangen. Von den auf den Jedermannsrechten aufbauenden, nach hiesiger h.M. strukturlogisch selbständigen[132] Mediengrundrechten des Art. 5 Abs. 1 Satz 2 GG ist in den Entwürfen überhaupt nichts zu lesen. Der Rundfunk kommt nicht mehr explizit vor[133]. Er könnte in den zitierten Wendungen allenfalls implizit und rudimentär mitenthalten sein, nämlich als Verlautbarungsinstrument (privater Richtungssender o.ä.) und entsprechendes dürftiges Informationsmittel. Von einer öffentlichen Aufgabe der Massenmedien, von konkreten EU-spezifischen Gebiets- und Verbands-

---

[128] Dazu *Nickel* (Fn. 13), S. 101; *Lenaerts/Vanhemme*, in: Bieber u.a. (Fn. 9), S. 198 ff.

[129] Siehe oben Fn. 14.

[130] Siehe oben bei und in Fn. 87.

[131] Die Grundrechtserklärung von 1989 benennt in der Schlußbestimmung des Art. 26 allgemein formulierte „Grenzen" (Rechtssatzvorbehalt, Verhältnismäßigkeitsprinzip, Wesensgehaltgarantie): „Die in dieser Erklärung aufgeführten Rechte und Freiheiten dürfen innerhalb der in einer demokratischen Gesellschaft vertretbaren Grenzen nur durch eine Rechtsvorschrift eingeschränkt werden, in der in jedem Fall der Wesensgehalt der Rechte und Freiheiten unangetastet bleibt." Ähnlich der Verfassungsentwurf von 1994 in Titel VIII Nr. 22. Mit Rücksicht darauf hat man wohl auf die enger gefaßten, in wichtigen Punkten indes unklaren und strittigen Schrankenvorbehalte des Art. 10 EMRK verzichtet.

[132] *Herzog* (Fn. 72), Rdnrn. 153 ff., 204; *Hoffmann-Riem* (Fn. 58), S. 206 ff. Siehe auch oben Fn. 85.

[133] Mit dem Verzicht auf die Schrankennormen des Art. 10 EMRK ist auch die Erwähnung der Radio-, Fernseh- und Kinounternehmen in Art. 10 Abs. 1 Satz 3 weggefallen.

bezügen (Integration), von einer Funktionsgarantie für den öffentlichen Sektor im Anschluß an die Amsterdamer Protokollerklärung, von dessen Übertritt in die Multimedia-Ära etc., kurz: von der heute anstehenden konstitutionellen Weichenstellung (unspezifisches Menschenrecht oder europäisches Funktionsgrundrecht?) erfährt der Leser hier noch gar nichts. Zwar hat es im EP seinerzeit auch schon weiterreichende Motive und Absichten gegeben. Auch um 1990 dachte das Parlament bereits an gesellschaftlich-kulturelle, soziale und politische Grundrechtsdimensionen[134]. Heute scheinen auch Kommission und Rat in der Medienpolitik diesen Entwicklungspfad einschlagen zu wollen. Grundrechtsdogmatisch konnte alles dies in den beiden EP-Entwürfen aber nicht im mindesten eingelöst werden. Sie haben in medienrechtlicher Hinsicht noch etwas Steinzeitliches an sich.

b) *Ambivalenzen und mögliche Fehlentwicklungen*

Um so mehr ist es angezeigt, noch einmal auf die großen Linien hinzuweisen, um die es dabei geht. Aus völkerrechtlicher Sicht, auch auf Europaratsebene, mag die relativ einfache und lockere internationale Medienordnung, die in Art. 10 EMRK in der Auslegung des EGMR angelegt ist, als bewährtes und nach wie vor brauchbares Konzept erscheinen. Man wird dann mit Mindeststandards wie denjenigen der Fernsehkonvention von 1989 zufrieden sein und erst einmal darauf Wert legen, diese liberalen Standards allen Mitgliedstaaten des Europarats ernstlich nahezubringen. Freilich ist das EMRK-Konzept derart unentwickelt und weitmaschig, daß darin auch gewisse an sich unerwünschte Fehlformen und Mißbildungen Unterschlupf finden können.

In der wirtschaftsrechtlichen Kombination mit EGV/EUV, wie sie der EuGH „prätorisch" betreibt, nimmt Art. 10 EMRK etwas schärfere Konturen an. Damit wächst aber m.E. auch das Risiko von Fehlgriffen. Erinnert sei nur noch einmal an die Marktrundfunkfreiheit als kommerzialisiertes Menschenrecht in der Version *Engels*: Diese weist nicht einmal mehr multi- und internationale, geschweige denn supranationale substantielle Bezüge zu dem jeweiligen gesellschaftlich-kulturellen Substrat auf, vielmehr ist sie transnationaler Art und kann nur zu leicht zu kommunikativer Verarmung und Vermachtung führen. Wie aber nun, wenn dies auch zum Freiheitskonzept des

---

[134] Siehe oben I.2.b).

EU-Grundrechtskonvents wird? Wie, wenn wir auch künftig auf Art. 10 EMRK angewiesen bleiben? Wie, wenn diese Art von Medienfreiheit supranational rechtsverbindlich wird, auch auf das innerstaatliche Grundrechtsgefüge einwirkt, Art. 5 Abs. 1 GG in der Karlsruher Interpretation nach und nach überlagert und absorbiert und das deutsche duale System ins Abseits geraten läßt?

Es wäre meiner Ansicht nach ein schwerer Fehler, wollte man das europäische Medienrecht definitiv auf ein transnationales, möglichst freizügiges ökonomisches Marktmodell festlegen, die andere, öffentlich-rechtliche Modelltradition im Europarecht kurzerhand ausklammern, restliche Elemente letzterer Art auf innerstaatliche Reservate beschränken und dort kümmerlich dahinsiechen lassen. Damit wären die Weichen in einer Weise gestellt, die der europäischen Integration zum Nachteil gereichen würde. Denn dadurch könnten die heutigen konstitutionellen Defizite auf europäischer Ebene verewigt werden, mit schädlichen Folgen auch im innerstaatlichen Bereich. Alle diejenigen, die die Verfassungsfähigkeit der EU und deren Verfassungsbedarf heute grundsätzlich bejahen und in der Grundrechtscharta generell über den EMRK-Level hinausgehen wollen, sollten hier aufhorchen. Sie sollten die Kommunikationsgrundrechte nicht vernachlässigen und sozusagen aus Versehen (aus Zeitmangel) dem Marktgeschehen preisgeben.

Erfolgreiche europäische Medien – über heutige Vorläufer wie Euronews und ARTE hinaus – würde man in diesem Fall vergebens suchen. Aussichten auf eine weitere Europäisierung des Kommunikationssystems würden kaum noch bestehen. Darum würde es auf absehbare Zeit auch keine medienvermittelte europäische Öffentlichkeit geben[135], also auch keinen europäischen politi-

---

[135] Daß dies nicht das letzte Wort sein sollte, hat unter Demokratisierungsaspekten zuerst *v. Brünneck* betont, EuR 1989, 249, 257 ff. Siehe auch *Gerhards*, ZfSoz. 1993, 96 ff.; *Häberle*, ThürVBl. 1998, 121 ff. Ein groß angelegtes einschlägiges Forschungsprojekt stellt *Kopper* vor, in: ders. (Hrsg.), Europäische Öffentlichkeit: Entwicklung von Strukturen und Theorie, 1997, S. 9 ff. Über medienstrukturelle Aspekte näher etwa *Gellner* (Fn. 54); *Zimmer*, Europas Fernsehen im Wandel, 1993; *Kleinsteuber/Rossmann*, Europa als Kommunikationsraum, 1994; *Meckel*, Fernsehen ohne Grenzen? 1994; *Siebenhaar*, Europa als audiovisueller Raum, 1994; *ders.*, RuF 1994, 49 ff. Skeptisch vor allem *Grimm*, nach dem es – u.a. aus sprachlichen Gründen – auf absehbare Zeit keinen supranationalen öffentlichen Raum nach Art der verfassungsstaatlichen Tradition geben kann. So zuerst *Grimm*, in: Ellwein u.a. (Hrsg.), Jahrbuch

schen Diskurs, kein europäisches „Volk" als diskursivische Größe und demo-kratischen Souverän, keine europäische Verfassung in diesem volleren demo-kratischen Sinn[136]. Wirklich europäischen Medien kommt mithin eine konsti-tutionelle Schlüsselbedeutung zu. Wenn sie ihre Dienste als „Medium und Faktor" des öffentlichen Diskurses nicht tun, d.h. wenn es diese Medienfunk-tionen nicht gibt, dann kann es auch alle weiteren darauf beruhenden vitalen Kräfte und Lebensäußerungen eines europäischen Gemeinwesens nicht geben. Die Europäische Union würde dann in der Hauptsache eben doch eine Wirt-schaftsunion bleiben. Sie wäre als solche aber schwerlich politisch-demokratisch zu bremsen und staatlicherseits im Zaum zu halten. Zu rechnen wäre vielmehr mit weiteren Schwächungen der demokratischen Substanz auch in den Mitgliedstaaten. Mit der verfassungsstaatlichen Tradition über-haupt mag dann schließlich auch diejenige des deutschen Rundfunkverfas-sungsrechts in Frage gestellt werden und dahinschwinden.

Die Konsequenz daraus lautet: Eine für jedermann zugängliche, auf allgemei-ne Kommunikationsfreiheit angelegte öffentliche Sphäre bleibt auch fernerhin sinnvoll und notwendig. Und dem Rundfunk kommt nach wie vor eine me-diale Vermittlungs- und aktive Unterstützungstätigkeit bei der Entstehung und fortdauernden Regeneration dieses öffentlichen Raums zu. Auf dieser regula-tiven Idee sollte man beharren und ihr weiter voranhelfen. Man sollte sie auch territorial vielstufig entfalten, von lokalregionaler und landesweiter über na-tionale bis zu europäischer und globaler Öffentlichkeit hin[137]. Darum muß das

---

zur Staats- und Verwaltungswissenschaft, Bd. 6, 1993, S. 13 ff. Weiter ausgeführt in dem Münchener Vortrag: Braucht Europa eine Verfassung? 1995, ähnlich JZ 1995, 581 ff. Anders *Frowein*, EuR 1995, 315, 324; *Denninger* (Fn. 23), 586; *Steinberg* (Fn. 23), 368 ff.; *Gusy*, in: Brunkhorst/Kettner (Hrsg.), Globalisierung und Demokratie, 2000, S. 131, 144 ff. Zuletzt *Beierwaltes,* Demokratie und Medien, 2000.

[136] So denn auch konsequenterweise *Grimm:* „Ohne Volk keine Verfassung", Die Zeit 1999, Nr. 12, S. 4 f. Im übrigen oben Fn. 23 und 25.

[137] Auf europäischer Ebene wäre mehr Identität und Power wünschenswert, auch um ein Gegengewicht gegen dysfunktionale weltweite Marktdynamiken zu schaffen. Zugleich sollte der Stier aber auch bei den Hörnern gepackt werden: Warum nicht auch eine an europäischen Öffentlichkeitsbegriffen und diskursiven Standards orientierte weltweite Medienregulierung anstreben? Das müßte viel mehr sein als der von interessierten Großunternehmen kürzlich ins Leben gerufene „Global Business Dialogue on Electro-nic Commerce", der auf kühnen Konvergenzhypothesen beruht und auf eine weitma-schige transnationale Selbstregulierung (mit politischer Abstützung) abzielt. Siehe

gemeinnützig-öffentliche nationale medienrechtliche Herkommen, einschließlich seiner spezifischen Grundrechtsbasis, nunmehr dringend in die europäische Grundrechtsentwicklung einbezogen werden. Ein europäisches Medienrecht, das den klangvollen Namen wirklich verdient, muß auch diese andere Option offenhalten, und die neue Charta sollte mit großem normativem Nachdruck zur Verwirklichung dieser Option beitragen. Der öffentliche Sektor des Rundfunkwesens muß auf nationaler und EU-Ebene gekräftigt werden, einschließlich stärker individualisierter rundfunkähnlicher Dienste. Anzustreben ist auch ein europäischer Integrationsrundfunk, und er muß dem Marktrundfunk in einem funktionstüchtigen dualen System gegenübergestellt werden. Um den öffentlichen Sektor vor unfairer kommerzieller Konkurrenz zu schützen und einem Vernichtungswettbewerb vorzubeugen, muß auch auf dem privaten Sektor das nötige Maß an „gleichgewichtiger Vielfalt"[138] gewährleistet werden, d.h. auch die Marktrundfunkfreiheit muß in gewissem Umfang funktional eingebunden werden. Sie stellt eben nicht nur ein Menschenrecht als liberales Abwehrrecht dar. Rundfunkanstalten und Medienkonzerne sind nun einmal keine „Menschen" wie du und ich, sondern sie sind Funktionsträger: Sie sollen zugunsten der Menschen und Menschenrechte als Jedermannsrechte für allgemeine Kommunikations-, insbesondere Meinungsbildungsfreiheit sorgen. Ein so geartetes, normativ ausbalanciertes europäi-

---

Middelhoff, Bertelsmann-Briefe Nr. 141 (1999), 33 ff.; *Brok,* ebd. 26 f. Für obige Zwecke ist dieses kommerziell motivierte Konzept unergiebig. Vielmehr ist insoweit an neuere UNESCO-Aktivitäten zu erinnern, wie sie Gegenstand der von der Deutschen UNESCO-Kommission am 4./5.6.1997 in Frankfurt a.M. veranstalteten Tagung „Die UNESCO und die Informationsgesellschaft" waren. Dazu *Halefeldt,* Funk-Korrespondenz 1997, Nr. 25, S. 6 ff. Näher *Offenhäußer,* in: Donges u.a. (Hrsg.), Globalisierung der Medien? 1999, S. 82 ff. Dort auch weitere Beiträge über Globalisierungsprobleme. Zu kommunikativen Aspekten ferner *Meckel,* Rechtstheorie 29 (1998), 425 ff.; *Jarren/Meier,* in: Globalisierung und Demokratie (Fn. 135), S. 347 ff.; *Kettner/Schneider,* ebd. S. 369 ff. Über ökonomische und wirtschaftsrechtliche sowie sonstige völkerrechtliche Aspekte *Delbrück* (Fn. 103), S. 15 ff. m.w.N. *Kurt Beck* hat kürzlich die Einberufung einer Welt-Medienkonferenz nach dem Muster der Klimakonferenz von Rio 1992 angeregt, die einige weltweit – auch im Internet – gültige Grundregeln festlegen solle, Neue Rhein-Zeitung 2000, Nr. 31. Davon sind wir noch weit entfernt, zu Resignation besteht aber m.E. kein Grund. Und man sollte die Dinge auch nicht medienpolitisch treiben lassen und nur noch industrie- und standortpolitisch sehen, also lediglich darauf hinwirken, daß unter den Global Players auch deutsche Unternehmen sind. Nötig wäre auch eine wirksame globale Konzentrationskontrolle.

[138] Vgl. BVerfGE 83, 238, 316 f.

sches duales System zustandezubringen, wird nicht leicht sein, unmöglich ist das aber wohl nicht[139].

c) Nationale Verfassungstraditionen, mit Textbeispielen zum Public-Service-Prinzip

Nach dem Kölner Beschluß des Europäischen Rats von 1999 soll die neue Charta aus einer kritisch-vergleichenden Sichtung einerseits der EMRK und andererseits der Grundrechte hervorgehen, „wie sie sich aus den gemeinsamen Verfassungsüberlieferungen der Mitgliedstaaten als allgemeine Grundsätze des Gemeinschaftsrechts ergeben". Diese an Art. 6 Abs. 2 EUV anknüpfende Maßgabe ist angesichts der verschiedenen, mehr oder minder stark divergierenden Medienrechtskulturen in den Mitgliedstaaten nicht leicht zu verwirklichen. Man mag dies nun als Suche nach der „besten Lösung"[140] verstehen und angehen – dennoch bleibt klärungsbedürftig, welcherlei Steuerungsmodelle dafür in Frage kommen und welches Schutzniveau damit näherhin gemeint ist. Jedenfalls werden dafür einige vergleichende Hinweise in concreto nützlich sein.

aa) Deutschland

In Deutschland sind dafür neben dem Grundgesetz und in dessen Rahmen (Art. 142 GG) auch die Landesverfassungen einschlägig, soweit sie auch ihrerseits Kommunikationsgrundrechte verbürgen. Da die Rundfunkhoheit bei den Ländern liegt, gibt es dafür auch einigen Anlaß. Das Grundgesetz ist in Art. 5 Abs. 1 und 2 etwas wortkarg, der Artikel ist bekanntlich erst richterrechtlich zu seinen heutigen differenzierteren Inhalten gekommen. Durch die Karlsruher Leitentscheidungen haben sich sodann manche Landesverfassun-

---

[139] Eine adäquate Kommunikationsverfassung kann dabei der politischen Verfassung auch ein paar Schritte voraus sein und zu deren schnellerer Fortentwicklung beitragen (per Integrationsfunktion). Der Verfassungsbegriff sollte auch in der EU dynamisch gehandhabt werden, man muß damit nicht gleich aufs Ganze gehen. Statt aller *Bryde,* Verfassungsentwicklung, 1982. Zu den verfassungstheoretischen Grundlagen *K. Hesse,* Grundzüge des Verfassungsrechts der Bundesrepublik Deutschland, 20. Aufl. Nachdruck 1999, § 1, im Anschluß an *Smend.*

[140] Zu Art. 6 Abs. 2 EUV als „Rechtserkenntnisquelle" im Blick auf den EuGH insoweit näher *Kingreen* (Fn. 9), Rdnr. 33 ff. m.w.N. Bei dem Grundrechtskonvent liegen die Dinge allerdings anders als bei dem Gerichtshof. Der Rat hat ihm eine etwas größere politische Marge zugestanden, und der Konvent wird diese aus eigener Kraft weiter vergrößern können.

gen zu innovativen Aussagen inspirieren lassen, welche nun auch als Textstufen der Konkretisierung des Art. 5 GG in der Auslegung des BVerfG angesehen werden können[141]. Das beginnt mit Bayern, wo 1973 Art. 111a BV mit folgendem Wortlaut entstand:

„(1) Die Freiheit des Rundfunks wird gewährleistet. Der Rundfunk dient der Information durch wahrheitsgemäße, umfassende und unparteiische Berichterstattung sowie durch die Verbreitung von Meinungen. Er trägt zur Bildung und Unterhaltung bei. Der Rundfunk hat die freiheitliche demokratische Grundordnung, die Menschenwürde, religiöse und weltanschauliche Überzeugungen zu achten. Die Verherrlichung von Gewalt sowie Darbietungen, die das allgemeine Sittlichkeitsgefühl grob verletzen, sind unzulässig. Meinungsfreiheit, Sachlichkeit, gegenseitige Achtung, Schutz vor Verunglimpfung sowie die Ausgewogenheit des Gesamtprogramms sind zu gewährleisten.

(2) Rundfunk wird in öffentlicher Verantwortung *und in öffentlichrechtlicher Trägerschaft*[142] betrieben. An der Kontrolle des Rundfunks sind die in Betracht kommenden bedeutsamen politischen, weltanschaulichen und gesellschaftlichen Gruppen angemessen zu beteiligen. Der Anteil der von der Staatsregierung, dem Landtag und dem Senat in die Kontrollorgane entsandten Vertreter darf ein Drittel nicht übersteigen. Die weltanschaulichen und gesellschaftlichen Gruppen wählen oder berufen ihre Vertreter selbst.

(3) Das Nähere regelt ein Gesetz."

---

[141] Im folgenden greife ich nur vier interessante Textstellen auf. Mehrere weitere, hier nicht genannte Landesverfassungen gehen auf die Rundfunkfreiheit in konventionellerer Weise ein. Siehe die Becksche Textslg.: Verfassungen der deutschen Bundesländer, 6. Aufl. 1999.

[142] Die kursiv gesetzte Wendung sollte nach den Intentionen des zugrunde liegenden Volksbegehrens jeglichen privat-kommerziellen Rundfunk in Bayern ausschließen. Sie ist dann allerdings in der bayerischen Rechtspraxis nahezu wirkungslos geblieben. Das Gebot öffentlich-rechtlicher Trägerschaft ist (anstelle des – als inopportun bewerteten – Versuchs einer Verfassungsänderung) faktisch umgangen worden. Der Sache nach gibt es heute auch in Bayern Privatrundfunk unter Obhut und Aufsicht einer Landesmedienanstalt. Näher *Stock,* JZ 1991, 645 ff.; *ders.,* RuF 1992, 218 f. Ähnlich immer wieder *Renck-Laufke,* etwa ZUM 1998, 390 ff. Siehe auch BVerfGE 97, 298 ff. Die anderslautende, BR-ähnliche Selbstinterpretation der Münchener Medienanstalt (etwa *Bornemann,* K & R 1999, 265 ff.) ist ganz unsubstantiell und kann in obigem Zusammenhang vernachlässigt werden. Die fragliche Stelle kann, um Verwirrung zu vermeiden, wie ein ungültig gewordener Passus überlesen werden.

Auch aus heutiger Sicht, auf das (auch in Bayern existierende) duale Rundfunksystem bezogen, enthält der Artikel noch manches Interessante und Ex-
emplarische. Richtig gelesen, verdeutlicht er das Karlsruher funktionale
Grundrechtskonzept in wesentlichen Punkten in gemeindeutsch relevanter
Weise[143]. Mutatis mutandis kann er auch bei der Abfassung der EU-Charta
eine anregende Lektüre darstellen.

Daß und wie die Medienfreiheit auf Verfassungsebene ansprechend ausgestaltet werden kann, haben nach der deutschen Einigung auch einige neue
Bundesländer vor Augen geführt. Brandenburg hat sich 1992 in Art. 19
BrandVerf. zunächst der Meinungsäußerungs-, der Informations- und (implizit) der Meinungsbildungsfreiheit zugewandt (Abs. 1) und sich sodann der
funktionalen Implementierung dieser Freiheiten gewidmet. Unter dem Gesichtspunkt des Grundrechtsvoraussetzungsschutzes werden den Massenmedien bestimmte Vielfaltpflichten auferlegt, und es wird ein möglichst leistungsfähiges duales Rundfunksystem vorgeschrieben:

> „(2) Die Freiheit der Presse, des Rundfunks, des Films und anderer
> Massenmedien ist gewährleistet. Das Gesetz hat durch Verfahrens-
> regelungen sicherzustellen, daß die Vielfalt der in der Gesellschaft
> vorhandenen Meinungen in Presse und Rundfunk zum Ausdruck
> kommt.
>
> (3) Gesetzliche Einschränkungen zum Schutze der Kinder und Jugend-
> lichen sowie der Ehre und anderer wichtiger Rechtsgüter sind zu-
> lässig. Kriegspropaganda und öffentliche, die Menschenwürde
> verletzende Diskriminierungen sind verboten.
>
> (4) Hörfunk und Fernsehen haben die Aufgabe, durch das Angebot ei-
> ner Vielfalt von Programmen zur öffentlichen Meinungsbildung
> beizutragen. Neben den öffentlich-rechtlichen Anstalten sind pri-
> vate Sender aufgrund eines Gesetzes zuzulassen. Dabei ist ein
> Höchstmaß an Meinungsvielfalt zu gewährleisten."[144]

---

[143] Näher *Stock* (Fn. 78), S. 212 ff., 317 ff. u.ö.

[144] Neben die „Meinungsvielfalt" gemäß Art. 19 Abs. 2 Satz 2 und Abs. 4 Satz 3 tritt dabei
die „Vielfalt von Programmen" nach Abs. 4 Satz 1, die auch ihrerseits zur (sc. freien)
„öffentlichen Meinungsbildung" beitragen soll. Von letzterem Richtwert ist auch bei
der gesetzlichen Konkretisierung auszugehen, etwa wenn es um die Frage geht, ob und
inwieweit bei ORB und Privatrundfunk jeweils Außen- und/oder Binnenpluralität Platz
greifen sollen. Bei der Beantwortung solcher Strukturfragen ist, wie sich versteht, auch

Auch Sachsen hat 1992 ein duales Rundfunksystem, einschließlich einer ausdrücklichen Funktionsgarantie für den öffentlichen Sektor, verfassungsrechtlich festgeschrieben. In Art. 20 Abs. 1 Satz 2 SächsVerf. wird Art. 5 Abs. 1
Satz 2 GG wörtlich wiederholt. Der Artikel fährt dann fort:

> „(2) Unbeschadet des Rechtes, Rundfunk in privater Trägerschaft zu
> betreiben, werden Bestand und Entwicklung des öffentlich-
> rechtlichen Rundfunks gewährleistet."[145]

Ähnlich 1993 Thüringen, wo man – wie in Bayern – auch eine gesellschaft-
lich-öffentliche Rundfunkkontrolle verfassungsrechtlich fixiert hat. In Art. 11
ThürVerf. werden Meinungs- und Medienfreiheit gewährleistet, und in Art.
12 wird das wie folgt präzisiert:

> „(1) Das Land gewährleistet die Grundversorgung durch öffentlich-
> rechtlichen Rundfunk und sorgt für die Ausgewogenheit der Ver-
> breitungsmöglichkeiten zwischen privaten und öffentlich-
> rechtlichen Veranstaltern.
>
> (2) In den Aufsichtsgremien der öffentlich-rechtlichen Rundfunkan-
> stalten und in den vergleichbaren Aufsichtsgremien über den pri-
> vaten Rundfunk sind die politischen, weltanschaulichen und gesell-
> schaftlichen Gruppen nach Maßgabe der Gesetze zu beteiligen."[146]

Längst verfassungsreif ist m.E. auch das Karlsruher „Medium- und Faktor-"
Prinzip, das bei richtigem Verständnis auch die Garantie einer entsprechenden
„dienenden" journalistischen Freiheit einschließt, d.h. es betrifft auch den pro-
fessionellen Kern eines modernen funktionalen Grundrechtskonzepts. Wie
dieses Prinzip näherhin ausformuliert werden könnte, zeigt ein Blick auf das
nordrhein-westfälische Rundfunkrecht, das in diesem Punkt paradigmatisch

---

das GG in der Auslegung des BVerfG zu beachten. Vgl. *Sachs,* in: Simon u.a. (Hrsg.),
Handbuch der Verfassung des Landes Brandenburg, 1994, S. 71, 105.

[145] Dazu *Baumann-Hasske,* in: Kunzmann u.a., Die Verfassung des Freistaates Sachsen,
1993, Art. 20 Rdnrn. 10 ff.; *A. Hesse,* SächsVBl. 1994, 73 ff.; *Degenhart,* in:
ders./Meissner (Hrsg.), Handbuch der Verfassung des Freistaates Sachsen, 1997, S.
181, 207 ff. Siehe auch *Nissen,* in: Stern u.a., Rundfunk im Wandel von der Diktatur
zur freiheitlichen Demokratie – neue Bundesländer etc., 1994, S. 45 ff.

[146] Dazu *Jutzi,* in: Linck u.a. (Hrsg.), Die Verfassung des Freistaates Thüringen, 1994, Art.
12 Rdnrn. 5 ff., 13 ff. Konkretisiert hat sich dies auf dem öffentlichen Sektor in Thüringen und Sachsen (sowie Sachsen-Anhalt) in Gestalt des MDR als Dreiländeranstalt.
Dazu *Brinkmann,* Das neue Recht des Mitteldeutschen Rundfunks, 1994.

erscheint und in zahlreichen weiteren Bundesländern Schule gemacht hat. In §
4 WDR-G finden sich seit 1985 folgende grundlegende Aussagen über den
„Programmauftrag" des Westdeutschen Rundfunks, als der größten deutschen
Landesrundfunkanstalt:

> „(1) Der WDR veranstaltet und verbreitet Rundfunk als Medium und
> Faktor des Prozesses freier Meinungsbildung und als Sache der
> Allgemeinheit. Die im Sendegebiet bedeutsamen politischen, welt-
> anschaulichen und gesellschaftlichen Kräfte und Gruppen gewähr-
> leisten die eigenverantwortliche Erfüllung seiner Aufgaben.

> (2) Der WDR hat in seinen Sendungen einen umfassenden Überblick
> über das internationale und nationale Geschehen in allen wesentli-
> chen Lebensbereichen zu geben. Sein Programm hat der Informati-
> on, Bildung und Unterhaltung zu dienen. Er hat Beiträge zur Kul-
> tur, Kunst und Beratung anzubieten."

Aus Gründen der Funktionstüchtigkeit des dualen Systems hat das Land dann
1987 in § 11 LRG NW auch den Privatrundfunk mit einem derartigen das
Grundrechtsgefüge des Art. 5 Abs. 1 GG in der Auslegung des BVerfG wi-
derspiegelnden, im Detail etwas weniger anspruchsvollen „Programmauftrag"
versehen:

> „Die Veranstalter verbreiten Rundfunk als Medium und Faktor des Pro-
> zesses freier Meinungsbildung und als Sache der Allgemeinheit; sie
> nehmen insofern eine öffentliche Aufgabe wahr. Die Rundfunkpro-
> gramme haben entsprechend der jeweiligen Programmkategorie zu einer
> umfassenden Information und freien individuellen und öffentlichen Mei-
> nungsbildung beizutragen, der Bildung, Beratung und Unterhaltung zu
> dienen und dem kulturellen Auftrag des Rundfunks zu entsprechen. In
> allen Vollprogrammen ist auch das öffentliche Geschehen in Nordrhein-
> Westfalen darzustellen."[147]

bb)   Österreich

Verwandte verfassungsrechtliche Ansätze finden sich auch in anderen europäischen Staaten, beispielsweise in Österreich. In diesem gleichfalls der Pu-
blic-Service-Tradition verpflichteten Nachbarland ist 1974 *„die Sicherung
der Unabhängigkeit des Rundfunks"* eigens zum Gegenstand eines Bundes-

---

[147] Näher *Stock* (Fn. 125).

verfassungsgesetzes geworden[148]. Dort wird in Art. I Abs. 1 zunächst der Rundfunkbegriff (konventionell) definiert. Es folgen dann konstitutionelle Vorgaben über Programmqualität und über eine entsprechende relative publizistische Autonomie, wie sie in Österreich rundfunkgesetzlich in vorbildlicher – in Deutschland leider wenig bekannter – Weise operationalisiert worden sind. In der nüchternen Sprache des Bundesverfassungsgesetzes, Art. I:

> „(2) Die näheren Bestimmungen für den Rundfunk und seine Organisation sind bundesgesetzlich festzulegen. Ein solches Bundesgesetz hat insbesondere Bestimmungen zu enthalten, die die Objektivität und Unparteilichkeit der Berichterstattung, die Berücksichtigung der Meinungsvielfalt, die Ausgewogenheit der Programme sowie die Unabhängigkeit der Personen und Organe, die mit der Besorgung der im Abs. 1 genannten Aufgaben betraut sind, gewährleisten.

> (3) Rundfunk gemäß Abs. 1 ist eine öffentliche Aufgabe."[149]

cc)   Schweiz

Österreich ist nicht das einzige externe Beispiel einer fortgeschrittenen medienrechtlichen Verfassungskultur. Wissenswert ist auch etwa, wie die Schweiz mit diesen Fragen umgeht. Sie ist zwar nicht EU-Mitglied, ihre Verfassungstradition ist aber in einem weiteren, für die „gemeinsamen Verfassungsüberlieferungen" (Art. 6 Abs. 2 EUV) indirekt relevanten Sinn durchaus europäisch geprägt. Hinsichtlich des Rundfunks gehört auch sie von Hause aus in den Public-Service-Bereich. In Bern ist 1985 eine Verfassungsergänzung

---

[148] Bundesverfassungsgesetz vom 1.7.1974 über die Sicherung der Unabhängigkeit des Rundfunks, BGBl. Nr. 396/1974. Dazu *Twaroch/Buchner,* Rundfunkrecht in Österreich, 4. Aufl. 1992, S. 27 ff. Allg. *Steinmaurer* (Fn. 47).

[149] In der österreichischen Fachliteratur ist hierin alsbald – jedenfalls hinsichtlich des (damals noch allein existierenden) ORF – eine Verfassungsentscheidung für eine „dienende" Medienfreiheit à la Karlsruhe erblickt worden. Dabei hat man klar erkannt, daß eine „Unabhängigkeit" i.S. der genannten Grundnorm nicht nur dem ORF-Organismus als ganzem, sondern auch und an nächster Stelle dessen Programmmitarbeitern zukommen muß. So vor allem *Wittmann,* Rundfunkfreiheit, 1981. Daß dies bei der Einführung von privat-kommerziellem Rundfunk zu Schwierigkeiten führen könnte, wurde freilich schon bald eingewandt. Insoweit wurde auch zunehmend auf Art. 10 EMRK in der Deutung des EGMR rekurriert, den man gegen obige Position in Stellung zu bringen suchte. Siehe etwa *Holoubek,* Medien und Recht 1994, Nr. 1, S. 6 ff. In Wissenschaft und Praxis bestehen solche Spannungen bis heute fort. Vgl. die Medien-Passage

zustande gekommen, welche einen sog. Leistungsauftrag für den Rundfunk enthält und im Zusammenhang damit wiederum den Zentralbegriff *„Unabhängigkeit"* vermittelt, hier ergänzt um den ebenfalls signifikanten Begriff *„Autonomie"*. Es handelte sich dabei anfangs um Art. 55bis der Schweizerischen Bundesverfassung a.f., an dessen Stelle jüngst – im wesentlichen wortgleich – Art. 93 der neugefaßten Bundesverfassung von 1999 getreten ist[150]. In letzterem Artikel liest sich das so:

> „(2) Radio und Fernsehen tragen zur Bildung und kulturellen Entfaltung, zur freien Meinungsbildung und zur Unterhaltung bei. Sie berücksichtigen die Besonderheiten des Landes und die Bedürfnisse der Kantone. Sie stellen die Ereignisse sachgerecht dar und bringen die Vielfalt der Ansichten angemessen zum Ausdruck.
>
> (3) Die Unabhängigkeit von Radio und Fernsehen sowie die Autonomie in der Programmgestaltung sind gewährleistet."[151]

Hinzugetreten ist 1999 eine grundrechtliche „Medienfreiheit", welche in Art. 17 n.F. folgendermaßen formuliert worden ist:

> „(1) Die Freiheit von Presse, Radio und Fernsehen sowie anderer Formen der öffentlichen fernmeldetechnischen Verbreitung von Darbietungen und Informationen ist gewährleistet."[152]

---

aus dem ÖVP/FPÖ-Regierungsprogramm vom Jahresanfang, epd medien 2000, Nr. 16, S. 24 ff.

[150] Bundesbeschluß über eine neue Bundesverfassung vom 18.12.1998, AS 1999, 2556, i.V.m. dem Bundesbeschluß über das Inkrafttreten der neuen Bundesverfassung vom 18.4.1999, AS 1999, 2555. Zu Art. 55bis und seinen Karlsruher Affinitäten *K. Hesse,* in: Haller u.a. (Hrsg.), Festschrift für U. Häfelin, 1989, S, 149, 154 ff. Eingehend *Schürmann/Nobel,* Medienrecht, 2. Aufl. 1993, S. 78 ff. Im übrigen *Meier/Rathgeb* (Fn. 47).

[151] Zu den beiden funktionalen Schlüsselbegriffen klarsichtig *Dumermuth,* Die Programmaufsicht bei Radio und Fernsehen in der Schweiz, 1992; *Grob,* Die Programmautonomie von Radio und Fernsehen in der Schweiz, 1994. Auch in puncto *innere* Medienfreiheit finden sich hierin bemerkenswerte, durchaus auch EU-relevante Einsichten.

[152] Art. 17 soll anscheinend ein grundrechtliches Fundament auch für privatkommerziellen Rundfunk darstellen, wohingegen Art. 93 (ex-Art. 55bis) mehr auf die SRG zugeschnitten scheint. Beim Übergang zu einem dualen System hat die Schweiz bislang – ähnlich wie Österreich – ein bedächtiges Tempo verfolgt. Siehe etwa *Meier/Bonfadelli/Schanner,* Medienlandschaft Schweiz im Umbruch, 1993. Hier wie dort hatte man es auch immer wieder mit Art. 10 EMRK als von interessierter Seite ins Feld

63

dd)   *Weitere Länder*

Auch außerhalb des deutschsprachigen Raums gibt es einschlägige Verfassungsgarantien, jedoch sind die textlichen Befunde dort in der Regel weniger prägnant als in den eben genannten Fällen. In *Großbritannien* – dem Mutterland des Public-Service-Gedankens – fehlt es bekanntlich überhaupt an einer Verfassungsurkunde in dem sonst geläufigen Sinn. In *Irland* hat eine Äußerungs- inkl. Kritikfreiheit von Presse und Rundfunk als „Organen der öffentlichen Meinung" Verfassungsrang[153]. Vergleichsweise blaß sind die verfassungsrechtlichen Aussagen zum Medienwesen z.B. in den *Niederlanden*[154], desgleichen in *Italien*[155]. In *Griechenland*[156] und *Spanien*[157] finden sich bemerkenswerte, aber funktional noch nicht klar durchgeformte Verfassungsnormen über einen öffentlichen Status des Rundfunks und über Vielfalt-

geführter Privatrundfunkfreiheit zu tun. Wie man nun Art. 93 und Art. 17 theoretisch und praktisch harmonisieren wird, bleibt abzuwarten.

[153] Vgl. Art. 40 Abs. 6 lit. a) der Verfassung der Republik Irland, abgedruckt in der Beckschen Textslg.: Die Verfassungen der EG-Mitgliedstaaten, 4. Aufl. 1996, S. 208 ff. (7. Aufl. 2000 angekündigt). Wenn es um die „gemeinsamen Verfassungsüberlieferungen" (Art. 6 Abs. 2 EUV) geht, ist diese Sammlung eine anregende Lektüre. Zum irländischen Rundfunk *von Trützschler*, in: Internat. Handbuch (Fn. 33), S. 362 ff.

[154] Über Gesetzesvorbehalt und Zensurverbot Art. 7 Abs. 2 der Verfassung des Königreiches der Niederlande, Textslg. (Fn. 153), S. 287 ff. Zum Rundfunk in den Niederlanden *van Reenen,* in: Internat. Handbuch (Fn. 33), S. 426 ff.

[155] Vgl. Art. 21 der Verfassung der Republik Italien, Textslg. (Fn. 153), S. 243 ff. Angesichts früherer eher anomischer „italienischer Zustände", der Medienkonzentration in der Berlusconi-Ära etc. war der italienischen Verfassungsrechtsprechung eine besondere Verantwortung zugewachsen. Einführend *Natale,* in: Internat. Handbuch (Fn. 33), S. 376 ff.

[156] Art. 15 Abs. 2 der Verfassung der Republik Griechenland, Textslg. (Fn. 153), S. 154 ff., klingt für uns ungewohnt: „Hörfunk und Fernsehen stehen unter der unmittelbaren Kontrolle des Staates und haben zur Aufgabe, sachlich und gleichmäßig Informationen und Nachrichten zu übertragen und Werke aus Literatur und Kunst zu vermitteln; dabei haben sie in ihren Sendungen einen ihrer sozialen Aufgabe entsprechenden Qualitätsstand zu wahren, um die kulturelle Entwicklung des Landes zu fördern." Näher *Seri,* in: Internat. Handbuch (Fn. 33), S. 337 ff.

[157] Vgl. Art. 20 der Verfassung des Königreiches Spanien, Textslg. (Fn. 153), S. 522 ff., wo es in Abs. 2 heißt: „Das Gesetz regelt die Organisation und die parlamentarische Kontrolle der vom Staat oder irgendeiner öffentlichen Einrichtung abhängigen sozialen Kommunikationsmedien und garantiert den bedeutenden sozialen und politischen Gruppen den Zugang zu den genannten Medien, unter Wahrung des Pluralismus der

aspekte. Am weitesten fortgeschritten ist bislang wohl die *portugiesische* Verfassung, in der drei längere Artikel von Meinungs-, Informations-, Presse- und Rundfunkfreiheit handeln[158]. Ausdrücklich angesprochen wird dort auch „die Freiheit … der schöpferischen Tätigkeit der Journalisten"[159]. Der Staat gewährleistet hiernach „die Freiheit und Unabhängigkeit der Massenkommunikationsmittel gegenüber der politischen Gewalt und der wirtschaftlichen Macht", „unterstützt sie auf nichtdiskriminierende Weise und verhindert ihre Konzentration, insbesondere durch mehrfache und sich überkreuzende Beteiligungen"[160]. Es fehlt in Portugal auch nicht an einer verfassungsrechtlichen Existenz- und Funktionsgarantie „eines öffentlichen Rundfunks und Fernsehens"[161]. Vielleicht hat die derzeitige portugiesische Präsidentschaft ja Gelegenheit, dies nun auch dem Europäischen Rat nahezubringen.

3. Die Medienfreiheit im EU-Grundrechtskonvent

a) Der Entwurf des Präsidiums: Anlehnung an Art. 10 EMRK

Auf der konstituierenden Sitzung des neuen Brüsseler Gremiums hielt *Roman Herzog* nach seiner Wahl zum Vorsitzenden eine programmatische Rede, in der er seine Hochschätzung der EMRK in der Auslegung von EGMR/EuGH zum Ausdruck brachte und das Kölner Mandat des Europäischen Rats dahingehend interpretierte, man solle sich mit der schriftlichen Fixierung entsprechender Menschenrechte begnügen. Sie seien tunlichst so abzufassen, daß sie „eines Tages, und zwar in nicht allzu ferner Zukunft, " ohne Neuformulierung rechtliche Verbindlichkeit für die EU-Organe erlangen könnten. Dadurch werde die Union seiner Ansicht nach aber nicht zur Staatlichkeit erwachsen,

---

Gesellschaft und der verschiedenen Sprachen Spaniens." Zur Faktenlage *de Mateo,* in: Internat. Handbuch (Fn. 33), S. 536 ff.

[158] Art. 37-39 der Verfassung der Republik Portugal, Textslg. (Fn. 153), S. 402 ff.

[159] Vgl. Art. 38 Abs. 2 lit. a), dort im Blick auf die Pressefreiheit (mit hierzulande überraschenden Wortwendungen).

[160] So Art. 38 Abs. 4, der wohl schon auf Medienfreiheit als „Rundumfreiheit" hinausläuft, siehe *Stock* (Fn. 78), S. 335, 365 u.ö. Einen „Hohen Rat für Massenkommunikation" mit entsprechenden Wächteraufgaben sieht Art. 39 vor.

[161] So Art. 38 Abs. 5. Zum portugiesischen Rundfunkwesen *Teixeira,* in: Internat. Handbuch (Fn. 33), S. 470 ff.

und es gehe dabei nicht um eine Europäische Verfassung[162]. Damit gab sich der Vorsitzende vorsichtig und zurückhaltend, was den weiteren Fortgang der Integration betrifft. Daß eine geeignete avancierte Grundrechtscharta den Konstitutionalisierungsprozeß auch von innen heraus vorantreiben und beschleunigen könnte, blieb hier ungesagt. Auch in anderen Eröffnungsansprachen klang das Bestreben an, solche weiterreichenden Entwicklungsperspektiven vorerst auszuklammern, sich im jetzigen institutionellen und kompetenziellen Rahmen zu halten und die Freiheitsrechte der Menschenrechtskonvention – i.s. eines relativ lockeren, national überbietbaren europäischen Mindeststandards verstanden – möglichst unverändert in die EU-Charta zu übernehmen[163]. Auf der ersten Sitzung des Präsidiums wurden nun Verfahrensgrundsätze für eine so konzipierte, im wesentlichen am Status quo orientierte nüchtern-pragmatische Entwurfsarbeit beschlossen[164].

In diesen Bahnen bewegte sich dann auch die Beschäftigung mit den Kommunikationsgrundrechten, die in dem Gremium mehr routinemäßig in Gang kam. Sie hatte nichts Beflügeltes und Visionäres an sich, vielmehr stand sie unter wachsendem Zeitdruck und ermangelte unter diesen Umständen eines längeren Atems. Als Grundlage für die Diskussion in der ersten regulären Plenartagung des Konvents versandte *Herzog* eine Grundrechtsliste, in der

---

[162] Anlage 1 zu der Niederschrift über die erste Tagung des Gremiums am 17.12.1999, Dokument CHARTE 4105/00 BODY 1 vom 13.1.2000 laut Website (Fn. 6). *Herzogs* Vorliebe für die EMRK scheint auf alter persönlicher Anhänglichkeit zu beruhen: Vor 42 Jahren habe er, wie er dem Konvent mitteilte, über die Menschenrechtskonvention seine Doktorarbeit geschrieben. Wie es scheint, hält er auch Art. 10 für nach wie vor brauchbar und schätzt das Risiko von Simplifikationen und Fehlentwicklungen (oben II.2.) als gering ein. Siehe auch *Herzog* (Fn. 8).

[163] So vor allem der EGMR-Richter und Beobachter für den Europarat *Fischbach*, a.a.O. (Fn. 162), Anlage VI. Anders der Vertreter des EP und stellv. Konventsvorsitzende *Mendes de Vigo*, Anlage II, der auch supranational-konstitutionelle Aspekte nicht scheute.

[164] Niederschrift über die erste Sitzung des Präsidiums am 17.1.2000, Dok. CHARTE 4107/00 BODY 2 vom 18.1.2000. Dort kam es u.a. zum Verzicht auf die Bildung kleinerer Arbeitsgruppen: Das Plenum – auch informell als Arbeitsgruppe zusammentretend – solle mit der gesamten zu leistenden Arbeit betraut werden. Dem Präsidium wuchs daraufhin zusätzlicher Einfluß zu. Es besteht aus dem Vorsitzenden, dessen drei Stellvertretern und dem Vertreter der Kommission und wurde fortan auch als Redaktionsausschuß steuernd tätig.

schon ein deutliches Votum für Art. 10 EMRK enthalten war[165]. Zur ersten Sitzung des Gremiums als Arbeitsgruppe legte das Präsidium dann vorab ausgearbeitete Formulierungsvorschläge vor[166], darunter einen Artikel, in dem unter der Überschrift „Freiheit der Meinungsäußerung" wieder nur die elementaren Jedermannsrechte nach Art. 10 Abs. 1 Sätze 1 und 2 EMRK vorkamen, unter Weglassung der Medienfreiheit[167]. Damit lehnte sich das Präsidium an die Menschenrechtskonvention in der Rezeption durch die EP-Erklärung von 1989 an. Die Schrankenregelung wurde auch hierbei wieder einem allgemein gehaltenen, „horizontalen" Ergänzungsartikel vorbehalten[168]. In rigoroser geschäftsordnungsmäßiger Engführung durch *Herzog*[169] wurde dieser Vorschlag auf der nächsten Sitzung des Konvents (Arbeitsgruppe) in erster Lesung beraten[170], woraus sich – immer noch unter obiger verkürzender Überschrift – folgende vom Präsidium erstellte, leicht veränderte Fassung (jetzt Art. 15 Abs. 1) ergab:

„Jede Person hat das Recht auf freie Meinungsäußerung. Dieses Recht schließt die Meinungsfreiheit und die Freiheit ein, Informationen und

---

[165] Vermerk des Präsidenten Dok. CHARTE 4112/2/00 REV 2 BODY 4 vom 27.1.2000, Nr. 11 der beigefügten Liste: „Freiheit der Meinungsäußerung: einschließlich der Freiheit, Informationen zu empfangen und weiterzugeben, und der Pressefreiheit (Art. 10 EMRK, Art. 5 Erkl. EP 1989)". Die EP-Erklärung (oben 2.a)) hatte der EMRK nichts wesentliches hinzuzufügen vermocht.

[166] Aufzeichnung des Präsidiums Dok. CHARTE 4123/1/00 REV 1 CONVENT 5 vom 15.2.2000 (Art. 1-9 sowie „horizontale" allgemeine Artikel); Aufzeichnung des Präsidiums Dok. CHARTE 4137/00 CONVENT 8 vom 24.2.2000 (Art. 10-19).

[167] Vgl. das letztgenannte Dokument, Art. 11 Abs. 1. Nachfolgend wurde eine tabellarische Übersicht angefertigt, nach der Art. 11 nur den einen Absatz hatte, Aufzeichnung des Sekretariats Dok. CHARTE 4140/00 CONVENT 9 vom 28.2.2000.

[168] Vgl. Art. Y laut Dok. CHARTE 4123/1/00 REV 1 CONVENT 5.

[169] Vgl. den Bericht über die erste Sitzung des Konvents als Arbeitsgruppe am 24./25.2.2000, Dok. CHARTE 4147/00 CONVENT 11 vom 1.3.2000, unter 4: „Nach einer umfassenden Aussprache ... entschied Herr HERZOG, daß der Konvent fortan auf der Grundlage des Wortlauts der Europäischen Menschenrechtskonvention ... beraten werde. Wo erforderlich, werde der Konvent Ergänzungen oder Aktualisierungen vornehmen. Wer eine Änderung des Textes der Menschenrechtskonvention beantrage, müsse eine präzise ausformulierte Fassung vorlegen." Statt einer „numerischen Abstimmung" solle die Konsensregel zum Tragen kommen.

[170] Vgl. den Bericht über die zweite Sitzung des Konvents als Arbeitsgruppe am 2./3.3.2000, Dok. CHARTE 4154/00 CONVENT 14 vom 3.3.2000.

Ideen ohne behördliche Eingriffe und ohne Rücksicht auf Staatsgrenzen zu empfangen und weiterzugeben."[171]

Angesichts geänderter, nunmehr noch knapperer Terminvorgaben (Bericht über den Sachstand an den Europäischen Rat schon im Juni, Vorlage des endgültigen Entwurfs dann im Oktober 2000) standen auf den nachfolgenden Konventssitzungen bereits andere Themen im Vordergrund[172]. Eine zweite Lesung und die Zusammenführung der bisherigen Teilentwürfe werden gegenwärtig für Juni/Juli 2000 angekündigt. Unterdessen wurde zur Einreichung schriftlicher Änderungsvorschläge aufgefordert, und Ende April wurde in Brüssel eine öffentliche Anhörung u.a. zu den Kommunikationsgrundrechten durchgeführt. Daraus resultierten einige interessante, hier noch kurz wiederzugebende Stellungnahmen.

b) Der Entwurf Jürgen Meyers: Anlehnung an Art. 5 GG

Das Konventsmitglied Prof. Dr. *Jürgen Meyer* MdB legte eine Reihe von Änderungsvorschlägen vor[173] und knüpfte dabei hinsichtlich des Art. 15 an einen Diskussionsentwurf an, welchen er schon zu Jahresbeginn veröffentlicht hatte[174]. *Meyer* bezog sich dabei auf die EP-Grundrechtserklärung von 1989 und

---

[171] Vermerk des Präsidiums Dok. CHARTE 4149/00 CONVENT 13 vom 8.3.2000. Ebenso Art. 15 in der derzeit (20.5.2000) letzten Fassung des Entwurfs des Präsidiums Dok. CHARTE 4284/00 CONVENT 28 vom 5.5.2000. Die derzeit letzte Version der „horizontalen" Schrankenvorbehalte findet sich in Art. 47 (aufgrund eines Redaktionsversehens als Art. 43 bezeichnet) des Präsidiumsentwurfs Dokument CHARTE 4316/00 CONVENT 34 vom 16. 5. 2000 (im Anhang, Nr. 8): „Jede Einschränkung der Ausübung der in dieser Charta anerkannten Rechte und Freiheiten muß durch die zuständige gesetzgebende Instanz vorgesehen werden. Der Wesensgehalt dieser Rechte und Freiheiten darf nicht angetastet werden. Jede Einschränkung muß - unter Wahrung des Grundsatzes der Verhältnismäßigkeit - innerhalb der Grenzen bleiben, die für den Schutz legitimer Interessen in einer demokratischen Gesellschaft erforderlich sind. Einschränkungen dürfen nicht über die im Rahmen der Europäischen Konvention zum Schutze der Menschenrechte und Grundfreiheiten zulässigen Einschränkungen hinausgehen." Nach letzterem Satz würden für Art. 15 des Entwurfs die Schrankennormen des Art. 10 Satz 3 und Abs. 2 EMRK das zulässige Höchstmaß markieren.

[172] Vgl. Niederschrift über die dritte Tagung des Konvents als Arbeitsgruppe am 27./28.3.2000, Dok. CHARTE 4208/00 CONVENT 20 vom 29.3.2000; Niederschrift über die dritte Plenartagung am 20./21.3.2000, Dok. CHARTE 4212/00 CONVENT 24 vom 31.3.2000.

[173] U.a. Dok. CHARTE 4177/00 CONTRIB 60 vom 28.3.2000.

[174] Dok. CHARTE 4102/00 CONTRIB 2 vom 6.1.2000.

auf eigene frühere Aktivitäten im Deutschen Bundestag[175]. Sein Diskussions-entwurf enthält – unter der ebenfalls unvollständigen Überschrift „Meinungs-und Informationsfreiheit" – einen Art. 5, der sich bezüglich der Schutzberei-che an Art. 5 Abs. 1 GG anlehnt:

> „1. Jeder hat das Recht, seine Meinung in Wort, Bild oder anderer Form frei zu äußern und zu verbreiten, sowie das Recht, Informa-tionen weiterzugeben und sich selbst zu informieren. Die Freiheit der Presse und der Berichterstattung durch sonstige Massenkom-munikationsmittel ist gewährleistet. Eine Zensur findet nicht statt.
>
> 2. Der Zugang zu kulturellen Angeboten wird gewährleistet.
>
> 3. Diese Rechte können nur durch solche Gesetze eingeschränkt wer-den, die dem Schutze der öffentlichen Sicherheit oder Ordnung, der Gesundheit, der Verbrechensverhütung oder dem Persönlichkeits-und Ehrenschutz dienen."

Art. 5 Abs. 1 Satz 2 nennt in diesem Entwurf, ebenso wie im Grundgesetz, Mediengrundrechte immerhin beim Namen. Sie werden inhaltlich auch nicht so weit an Satz 1 angenähert, daß dadurch die ältere, auf private Tendenzme-dien gemünzte „Unterfall-"Doktrin wieder Auftrieb bekommen müßte. Frei-lich bleibt das hiernach – wie nach Art. 5 Abs. 1 GG – eine Auslegungsfrage, welche aber nunmehr letztlich nicht vom BVerfG, sondern wohl vom EuGH (ggf. unter Orientierung am EGMR) zu entscheiden wäre. Und das bringt, auch angesichts weiterer Ambivalenzen in diesem Entwurf[176], ein beachtli-ches Risiko einer rückwärtsgewandten Interpretation mit sich. Mithin wäre eine solchen Fehlentwicklungen vorbeugende ausdrückliche textliche Klar-stellung des Gemeinten wünschenswert, in die dann auch weitere heute kodi-fikationsreife funktionale Aspekte der Medienfreiheit einbezogen werden könnten.

---

[175] Siehe die substantiellen Beiträge *Meyer*s Plenarprot. 13/44 vom 22.6.1995, S. 3562 f., und 13/77 vom 7.12.1995, S. 6752 ff. Erläuternd *ders.* auf der Kölner Expertenkonfe-renz (Fn. 4), S. 36 ff. Zuletzt *ders.* (Interview), ZRP 2000, 114 ff.; *ders., FR* 2000, Nr. 99, S. 6.

[176] Die enggefaßte Schrankenbestimmung (Abs. 3) mag die Gerichte eher an Art. 10 EMRK erinnern. Neuartig erscheint hingegen die Garantie einer Zugangsoffenheit „kultureller Angebote" (Abs. 2), die sich evtl. auch auf Kulturprogramme à la ARTE bezieht und nach Inhalt und Typik über das liberale Oeuvre hinausgeht.

In seinem Änderungsvorschlag vom März ds.J. beließ *Meyer* es dann bei Art. 15 Abs. 1 in der Fassung des Präsidiumsentwurfs (statt Art. 5 Abs. 1 Satz 1 seines Januar-Entwurfs) und bemühte sich nur noch um die – wie er zu Recht feststellte, in den Brüsseler Dokumenten bis dahin vernachlässigte – *Medienfreiheit*. Als neuen Art. 15 Abs. 2 Satz 1 schlug er vor: „Die Pressefreiheit und die Freiheit der Berichterstattung[177] werden gewährleistet."[178] Wird darunter auch die Rundfunkfreiheit einschließlich rundfunkähnlicher neuer Dienste gebracht, so sind wir damit textmäßig immerhin wieder ungefähr auf dem Stand des Grundgesetzes[179].

Ähnlich verhält es sich übrigens mit einer einschlägigen PDS-Initiative. 1995 hatte die damalige PDS-Gruppe im Bundestag einen Entwurf einer EU-Grundrechtscharta eingebracht[180], welcher nunmehr auch dem Grundrechtskonvent vorgelegt wurde[181]. Auch dieser Entwurf will neben Meinungs- und Informationsfreiheit „die Pressefreiheit und die Freiheit der Berichterstattung durch Hörfunk, Fernsehen und Film" gewährleistet wissen[182].

---

[177] In dem Dokument (Fn. 173) ist dieser Satz evtl. versehentlich lückenhaft wiedergegeben. In obigem Januar-Entwurf hatte *Meyer,* wie gezeigt, neben der Pressefreiheit noch die Freiheit der Berichterstattung „durch sonstige Massenkommunikationsmittel" angesprochen. Ohne diese Ergänzung bliebe sein März-Vorschlag unklar.

[178] Weitere Vorschläge *Meyer*s (Fn. 173) wie ein Auskunftsanspruch der Presse (Art. 15 Abs. 2 Satz 2) mögen hier beiseitebleiben.

[179] Der von *Preuß* 1997 für die Grünen ausgearbeitete Entwurf einer Grundrechtserklärung (Fn. 15) spricht in Art. 18 unter der wohlklingenden Überschrift „Öffentliche Kommunikationsfreiheit" einzelne Punkte aus dem aktuellen Spektrum genauer an. Er bezieht in die Medienfreiheit auch „alle interaktiven Formen der elektronischen Kommunikation, zu denen eine unbestimmte Zahl von Personen Zugang hat", ein, Abs. 2 Satz 2. In Abs. 3 wendet er sich – leider noch unter der Rubrik „Einschränkung" und nicht unter „Ausgestaltung" – den Quotenregelungen der Richtlinie „Fernsehen ohne Grenzen" zu und will sie durchgehen lassen, soweit der damit intendierte Schutz einer europäischen Identität zu den „übereinstimmenden Wertmaßstäben der Mitgliedsstaaten" gehört und nicht etwa auf meinungslenkende Zugriffe hinausläuft. Vgl. KritJ 1998, 25 f. mit Begr. S. 18.

[180] BT-Drucks. 13/2457.

[181] Dok. CHARTE 4189/00 CONTRIB 72, vorgelegt von der EP-Abgeordneten *Kaufmann*.

[182] Vgl. Abs. 1 Satz 2 des (nicht numerierten) Artikels „Meinungs- und Informationsfreiheit" laut PDS-Dok. (Fn. 181).

c) *Die Stellungnahme von ARD und ZDF*

Zu der Brüsseler Anhörung am 27.4.2000 legten ARD und ZDF eine schriftliche Stellungnahme vor[183], welche sich mit den Anliegen *Meyers* berührt und auf eine Konkretisierung und rundfunkspezifische Weiterentwicklung des bisherigen EMRK/EGMR-Standards dringt. Die deutschen öffentlich-rechtlichen Rundfunkanstalten präsentierten dazu einen eigenen Entwurf für ein „Europäisches Grundrecht der Meinungs- und Informationsfreiheit"[184]:

> „1.   Das Recht der freien Meinungsäußerung wird gewährleistet. Ebenso wird das Recht gewährleistet, sich aus allgemein zugänglichen, vielfältigen Quellen umfassend zu informieren. Dies schließt insbesondere den Zugang zu kulturellen Angeboten und Angeboten der Bildung ein.
>
> 2.   Die Freiheit der Presse, des Rundfunks, des Films sowie der übrigen an die Allgemeinheit gerichteten Kommunikation werden gewährleistet.
>
> 3.   Diese Rechte dürfen nur zum Schutz von vorrangigen Rechtsgütern durch Gesetz eingeschränkt werden. Jedoch darf in keinem Fall eine Beschränkung um des Inhalts der Meinung willen erfolgen, außer bei Beschränkungen zum Schutz der Jugend und der persönlichen Ehre sowie zur Unterbindung von Gewaltverherrlichung und von Äußerungen, die auf die Verletzung der menschlichen Würde gerichtet sind.
>
> 4.   Eine Zensur findet nicht statt."

Aus gutem Grund insistieren ARD/ZDF in den Erläuterungen ihres Vorschlags auf einer ausdrücklichen Ergänzung der älteren Jedermannsrechte des Art. 10 EMRK um medienbezogene funktionale Elemente, wie sie für die rundfunkrechtliche Verfassungstradition in zahlreichen europäischen Ländern – zumal für das Public-Service-Prinzip – kennzeichnend sind. Wohlgemerkt geht es dabei auch um das grundrechtliche Wohl und Wehe der zum öffentlichen Sektor gehörenden Anstalten selbst im Zeichen zunehmender Europäisierung. Vollmundige Aussagen wie diejenigen der Amsterdamer Proto-

---

[183] Dok. CHARTE 4229/00 CONTRIB 103 vom 18.4.2000.

[184] So die Betitelung des Entwurfs, die auch nicht ganz geglückt ist: Angesprochen werden darin *zwei* (Jedermanns-)Grundrechte, und die Medienfreiheit bleibt wiederum ungenannt. Wie der Textvorschlag und dessen Erläuterungen erkennen lassen, ist das aber auch hier nur ein redaktionelles Versehen.

kollerklärung bleiben bloße Lippenbekenntnisse, wenn es nicht gelingt, eine entsprechende in ihrem Schutzbereich wohlprofilierte Medienfreiheit in der EU-Grundrechtscharta unterzubringen. Also muß zu den elementaren Jedermannsrechten eine modernisierte, als Funktionsgrundrecht ausgestaltete Medienfreiheit (und nicht nur eine Marktrundfunkfreiheit als kommerzialisiertes Menschenrecht) hinzutreten. Dies muß der leitende Gesichtspunkt sein, auch wenn es nun um Ergänzungen oder bessere Alternativen zu Art. 15 des eilig erstellten Präsidiumsentwurfs geht. In dem Vorschlag von ARD und ZDF drückt sich dieser Grundgedanke näherhin wie folgt aus:

In Abs. 1 wird die Informationsfreiheit in gewissem Umfang materialisiert, nämlich mit Elementen der Vielfalts- und sonstigen Qualitätssicherung angereichert (sich aus *„vielfältigen"* Quellen *„umfassend"* informieren können) und dergestalt als Voraussetzung realer Meinungsbildungsfreiheit verstanden und ausgewiesen. Hierher gehört auch die – wohl durch den *Meyer*schen Entwurf angeregte – explizite Einbeziehung von Kultur- und Bildungsangeboten, bei der bereits der qualifizierte Programmauftrag des öffentlich-rechtlichen Rundfunks mitzudenken sein wird. Demgemäß wird die Freiheit heutiger und künftiger (Massen-)Kommunikation von der Meinungsverbreitungsfreiheit des Abs. 1 abgerückt und in Abs. 2 als funktional eigenständige, im einzelnen entwicklungsoffene Medienfreiheit ausgestaltet[185]. In diesem Geist ausgelegt und angewendet, könnte die vorgeschlagene Grundrechtsnorm wohl den Weg für alles weitere freimachen: für die tatkräftige Vermittlung und ständige Regeneration europäischer demokratischer Öffentlichkeit, für Integrationsmedien auch als „Medium und Faktor" fortschreitender europäischer Verfassungsbildung etc. Freilich könnte in dem Normtext manches noch deutlicher herausgearbeitet werden. Beispiele und brauchbare Muster dafür gibt es ja in Hülle und Fülle[186].

---

[185] Vgl. die allg. und Einzelerläuterungen in dem Dok. (Fn. 183).

[186] Siehe oben 2.c). Vor allem sei noch einmal auf die funktionale Verdeutlichung des „Medium- und Faktor-"Prinzips und des diesbezüglichen Grundrechtsgefüges im n.-w. Rundfunkrecht (§ 4 WDR-G/§ 11 LRG NW, ähnlich etwa § 4 NDR-StV) hingewiesen. Darin wird der harte professionelle Kern einer modernen Medienfreiheit sichtbar, wie er gerade auch auf europäischer Ebene unentbehrlich ist. Er sollte nicht der Auslegungskunst überlassen, sondern tunlichst in der Grundnorm selbst ausformuliert werden. Ein Vorschlag hierfür findet sich unten IV. a.E.

Allerdings scheint es den deutschen Rundfunkanstalten bei dem europäischen Thema letztlich doch nicht ganz wohl zu sein. Vielleicht stehen sie noch unter dem Eindruck früherer beengender, von ihnen häufig als dysfunktional bewerteter marktorientierter Initiativen der EG-Kommission, oder sie rechnen damit, daß die von ihnen gewünschte Ergänzung und Modernisierung des Art. 10 EMRK in dem Grundrechtskonvent unter den obwaltenden Umständen – trotz vielen guten Willens – schließlich doch nicht zustande kommt. Wie auch immer – jedenfalls kehren in den Erläuterungen des ARD/ZDF-Entwurfs auch die früheren abwehrend-defensiven Töne wieder: Die Grundrechtscharta dürfe keine Kompetenzerweiterung oder -neubegründung zugunsten von EU-Institutionen mit sich bringen; es müsse bei einem Geltungs- und Ausgestaltungsvorbehalt nach Maßgabe nationalen Rechts bleiben; die Ausgestaltung der Rundfunkfreiheit, insbesondere auf dem öffentlichen Sektor, falle in die Zuständigkeit des jeweiligen Mitgliedsstaats und sei allein an den dortigen (nicht harmonisierungsbedürftigen) Verfassungsnormen zu messen; nationales Medienrecht dürfe durch die Charta weder ersetzt noch verdrängt werden[187]. Dies scheint mehr dem *Herzog*schen europapolitischen Pragmatismus oder Skeptizismus zu entsprechen. Je geringer das europäische Grundrechtsniveau in concreto ausfällt, um so wichtiger können derartige Kautelen in der Tat werden. Über die genannten Vorbehalte mag man sich in Brüssel vorerst verständigen können. Auf längere Sicht und bei günstigem Verlauf wird aber auch an gewisse Vereinheitlichungswirkungen und an wirklich supranationale, integrative Europamedien zu denken sein, wie sie auf dem Boden (nur) nationalen/internationalen Rechts kaum entstehen können.

---

[187] A.a.O. (Fn. 183). Auch duale Systeme werden in dem Dokument, ebenso wie in der dort angeführten Amsterdamer Protokollerklärung, noch als rechtlich rein nationale Gebilde gesehen. Im übrigen wird zum Schutz des neuzuschaffenden europäischen Grundrechts vor Verletzungen seitens der EU-Legislative bzw. -Exekutive eine vom EuGH gesonderte Gerichtsbarkeit der EU gefordert, welche effektiven Individualrechtsschutz zu gewährleisten habe. Die deutschen Länder äußerten jüngst den Wunsch, im Konvent „Fragen der Presse- und Rundfunkfreiheit (unter Beachtung der Zuständigkeit der Mitgliedstaaten, die Aufgaben, die Finanzierung und Organisation des öffentlichen Rundfunks zu regeln) ... noch eingehender zu diskutieren", Dok. CHARTE 4310/00 CONTRIB 177 vom 17.5.2000.

d) *Zum weiteren Gang der Dinge*

Gegenwärtig befindet sich der Grundrechtskonvent bereits in einer heißen Phase seiner Beratungen kurz vor der ersten, noch im Frühsommer anstehenden Schlußrunde. Über die Freiheitsrechte hat man sich in einem ersten Durchgang im großen und ganzen wohl schon verständigt. Im Fall der Medienfreiheit ist das anscheinend – anders als bei sonstigen alten und neuen fundamentalen Rechten – nur kursorisch und auf relativ niedrigem, im wesentlichen traditionell-liberalem Anspruchsniveau geschehen. Die allgemein gehaltenen, „horizontalen" Schrankennormen sind zurückgestellt worden. Im Vordergrund stehen derzeit komplexe nichtklassische Materien (soziale und partizipatorische Rechte), welche – wie auch Funktionsgrundrechte – in der bisherigen flotten Gangart nicht so leicht zu bearbeiten sind. Unterdessen beginnen nationale politische Organe und Öffentlichkeiten eben erst in größerem Umfang auf die Vorgänge in Brüssel aufmerksam zu werden. In Berlin hat am 5.4.2000 auf einer gemeinsamen Sitzung der Europaausschüsse von Bundestag und Bundesrat eine umfangreiche Anhörung „zivilgesellschaftlicher Akteure" und Experten zu der Grundrechtscharta stattgefunden[188], die auch ein erhebliches Medienecho hervorgerufen hat[189]. Dabei traten kleinere und größere inhaltliche Kontroversen und Richtungsstreitigkeiten zutage, wie sie ähnlich auch aus Brüssel berichtet werden. Die einen erwiesen sich als Verfassungs-Skeptiker, die anderen gaben einigen reformerischen konstitutionellen Elan zu erkennen. Allerseits äußerte man sich aber über die Erfolgsaussichten des kühnen Projekts eher optimistisch und beschwor auch gern ei-

---

[188] Dt. Bundestag, 14. Wp., Ausschuß für die Angelegenheiten der Europäischen Union, Sten. Prot. der gemeinsamen Sitzung mit dem Ausschuß für Fragen der Europäischen Union des Bundesrats am 5.4.2000, mit Berichten von *J. Meyer* und *Gnauck* (S. 22 ff., 27 ff. u.ö.). Als jur. Experten kamen *Baer, E. Klein, Pernice* und *Riedel* zu Wort (S. 72 ff., 76 ff., 79 ff., 82 ff. u.ö.). Darauf folgte am 18.5.2000 eine Debatte im Plenum, in welcher drei in Detailfragen divergierende Anträge eingebracht wurden: BT-Drucks. 14/3387 (SPD und Bündnis 90 / Die Grünen), 14/3368 (CDU/CSU) und 14/3322 (FDP), abgedruckt im Anhang, Nr. 7. Vorher hatte der Bundesrat bereits eine von den Europaministern der Länder ausgearbeitete Entschließung mit grundsätzlich positiven, aber kompetenziell defensiven Aussagen zu der Charta aus Ländersicht verabschiedet, 749. Sitzung vom 17.3.2000, Plenarprot. S. 109 ff. und BR-Drucks. 47/00 (Beschluß), im Anhang, Nr. 6.

[189] Vgl. FAZ 2000, Nr. 82, S. 6; FR 2000, Nr. 82, S. 5; SZ 2000, Nr. 80, S. 10. Im übrigen oben Fn. 4 ff. Ob und wie die Internet-Öffentlichkeit funktioniert, die der Grundrechtskonvent in dieser Form erstmalig realisieren möchte, ist noch nicht recht zu erkennen.

ne lagerübergreifende Einigkeit im Grundsätzlichen. Man will tunlichst vermeiden, daß der Elan angesichts der unglücklichen Terminsituation in Hektik übergeht. Man sieht wohl auch die Gefahr, daß der gedachte große europäische und nationale Grundrechtsdiskurs innerhalb des jetzigen engen Zeitrahmens nicht mehr wirklich in Gang kommt und daß schließlich doch noch Informationsmängel, dysfunktionale Vereinfachungen, unterkomplexe Scheinlösungen, bloße Marktgläubigkeit o.ä. um sich greifen. Dies hofft man allerdings noch abwenden zu können.

Auf dem Gebiet des Kommunikations- und Medienrechts ist die Lage besonders schwierig. Hier hat sich bislang nur wenig zivilgesellschaftliches Engagement gezeigt, und mit der Hinzuziehung von Expertise hapert es ebenfalls[190]. Von der in Fachkreisen (auch innerhalb der EU-Kommission) lebhaft geführten aktuellen Regulierungsdebatte, von dem ordnungspolitischen Neuansatz der Amsterdamer Erklärung und der Folgepapiere, von den entsprechenden nationalen Verfassungsnormen, von den differenzierten und vielversprechenden Brüsseler „Grundsätzen und Leitlinien" von 1999 etc. – von alledem hat der Konvent bisher so gut wie gar nichts rezipiert und grundrechtsdogmatisch umgesetzt. Wird er nun definitiv bei Art. 10 EMRK bleiben, und wie wird er mit den erwähnten Ergänzungs- und Modernisierungsvorschlägen verfahren? Werden seine Beratungen womöglich doch auf ein schlichtes Marktmodell à la „Fernsehen ohne Grenzen" hinauslaufen, und sei es auch nur aus Zeitmangel?

---

[190] *Herzog* scheint einer einschlägigen national informierten Beratertätigkeit (Fn. 72) abgeneigt. Er optiert wohl eher inter- als supranational und hat den Konvent offenbar von vornherein auf Art. 10 EMRK festzulegen versucht. Wie er es mit den vorliegenden Änderungsvorschlägen halten wird, bleibt abzuwarten. Medienpolitischer und medienrechtlicher Sachverstand war auch auf dem Berliner Hearing (Fn. 188) rar. *Pernice* mahnte dort eine Erweiterung der Freiheit der Meinungsäußerung (szt. Art. 11 des Präsidiumsentwurfs) zu einer „allgemeinen Medien- und Kommunikationsfreiheit" an (S. 81), was jedoch ohne erkennbare Resonanz blieb.

IV. Zusammenfassung und Ausblick: Alter Wein in neuen Schläuchen?

Bei der angekündigten Grundrechtscharta handelt es sich um ein groß angelegtes und anspruchsvolles rechtspolitisches Vorhaben der Europäischen Union. Zu dessen Verwirklichung hat der Europäische Rat ein in dieser Form neuartiges Gremium (nach dessen eigenem Sprachgebrauch: „Konvent") mit breiter nationaler und supranationaler parlamentarischer Rückkoppelung eingesetzt. Er hat ihm einen Kodifikationsauftrag erteilt, aus dem eine „feierliche Proklamation" der neuen Charta auf dem EU-Gipfel in Nizza Ende des Jahres hervorgehen soll. Anschließend soll die Charta evtl. mittels Vertragsänderung rechtsverbindlich gemacht werden. Ob daraus ein weiterer großer Schritt in Richtung auf eine veritable EU-Verfassung werden kann und auch werden sollte, wird zur Zeit unterschiedlich beurteilt. Nach dem Kölner Mandat hat der Grundrechtskonvent einen gewissen konzeptionellen Spielraum. Er hat jedoch einige Schwierigkeiten, seine Möglichkeiten adäquat auszuschöpfen. Als Haupthindernis stellt sich gegenwärtig der enorme Zeitdruck dar, unter dem das Gremium nach den Vorgaben der Staats- und Regierungschefs und den Wünschen der jetzigen und der nächsten Präsidentschaft steht. Ob es die Hoffnungen, die auf seine Arbeit gesetzt werden, unter den obwaltenden Umständen tatsächlich erfüllen kann, wird sich erst noch erweisen müssen.

Das betrifft auch die Medienfreiheit, die von der Rechtsprechung bekanntlich bisher (über Art. 6 Abs. 2 EUV) aus Art. 10 EMRK hergeleitet wird, wobei der EuGH diesen Artikel in pressespezifischer Weise mit Art. 49 ff. EGV kombiniert (Tendenz- und Gewerbefreiheit). Man steht jetzt vor der Frage: Soll insoweit alles beim alten bleiben, oder soll ein Mediengrundrecht als künftiges genuines EU-Grundrecht neu konzipiert und tunlichst auf eine supranationale konstitutionelle Weiterentwicklung der Union zugeschnitten werden? Dies ist geradezu ein exemplarisches, für das Kodifikationsprojekt insgesamt charakteristisches Grundrechtsproblem, das besondere Aufmerksamkeit verdient.

Wenn man hier bei der erstgenannten Option bleiben, also alles beim alten lassen will, muß man mit einem Menschenrechtsartikel vorlieb nehmen, der schon älteren Datums ist und aus heutiger medienrechtlicher Sicht ziemlich rückständig und simpel erscheint. Er normiert eine Medienfreiheit nicht einmal ausdrücklich, vielmehr kann sie in ihm nur im Auslegungsweg und nur in rudimentärer Form vorgefunden werden, nämlich als sog. Unterfall individueller Meinungsverbreitungsfreiheit derjenigen Personen, welche jeweils als Medienträger (Verleger, Veranstalter) fungieren. Im Rundfunkbereich deckt dies bei großzügiger Handhabung dennoch eine beträchtliche typologische Bandbreite ab, von lokalem Bürgerfunk bis zu vielerlei auf höheren Ebenen angesiedelten öffentlichen und privaten Veranstaltern. De facto drängt sich heute indes ein kommerzieller Typus in den Vordergrund, welcher nach Lage der Dinge auch fatale Züge annehmen und zu mancherlei Fehlentwicklungen führen kann. Wir haben es dann mit einer erwerbswirtschaftlich orientierten, für kommunikative Verarmung und massive Vermachtung anfälligen, konkreter Gebiets- und Verbandsbezüge zunehmend ermangelnden, tendenziell transnationalen Medienunternehmerfreiheit zu tun, womöglich als einziger europaweit eingeführter Grundrechtsvariante. Für ein derartiges kommerzialisiertes Menschenrecht gibt es in der Tat eine Reihe privater Anwärter sowie zahlreiche Fürsprecher, auch in der Rechtswissenschaft und im politischen Raum. Die Medienpolitik der EU hat indes neuerdings andere Wege eingeschlagen, und in ihr ist jetzt auch ein anderes, differenzierteres Grundrechtskonzept angelegt.

Damit sind wir auch schon bei der zweiten Option, kurz gesagt: Medienfreiheit als europäisches Funktionsgrundrecht, ungefähr nach dem Bilde des Art. 5 Abs. 1 Satz 2 GG in der (freilich auch ihrerseits erneuerungsbedürftigen) Interpretation des BVerfG. Darin hat sich die Public-Service-Idee nun auch grundrechtsdogmatisch niedergeschlagen und in unverwechselbarer Weise konkretisiert. Die damit angesprochene konstitutionell wichtige, öffentlich-„dienende" Medienfunktion läßt sich anhand der Karlsruher „Medium- und Faktor"-Formel verdeutlichen, was auch weitläufige europäisch-integrative Adaptionen und Nutzanwendungen erlaubt. Dabei geht es hauptsächlich um den jeweiligen öffentlichen Sektor, daneben aber auch – mit Abstrichen – um den privat-kommerziellen, d.h. insgesamt um duale Systeme. Auf dem Boden des funktionalen Ansatzes wird sich auch die künftige EU-Medienfreiheit klarer bestimmen und rechtlich konsolidieren lassen, einschließlich der Regulierungsprobleme der Multimediaentwicklung.

Nun will es das Unglück, daß sich das Präsidium des EU-Grundrechtskonvents – anscheinend aus Gründen der Arbeitserleichterung – schon frühzeitig auf Art. 10 EMRK als Basisnorm und Ausgangspunkt der einschlägigen Beratungen festgelegt hat, daß es etwa veranlaßte Ergänzungen und Modernisierungen des bejahrten Artikels nicht sonderlich energisch betreibt und daß es mit dieser Option auch das Plenum hinter sich zu bringen sucht. Dabei hat das Präsidium als Redaktionsausschuß, sei es auch nur aus Mangel an Zeit und Gelegenheit, bislang wenig Widerspruch erfahren. Daß man damit auch wie beschrieben auf die schiefe Bahn geraten könnte, wird im Konvent wohl nicht klar gesehen. Änderungsvorschläge wie die *Jürgen Meyers* und diejenigen von ARD/ZDF mögen dort dennoch Erfolgsaussichten haben, sie bleiben indes etwas zaghaft.

Mithin ist es höchste Zeit, die medienspezifische Diskussion zu vertiefen und zu verbreitern, also auch mehr externes wissenschaftliches und öffentliches, vor allem auch politisches Interesse für diese Dinge zu wecken. Vielleicht könnte jemand auch einmal die Staats- und Regierungschefs daran erinnern, was sie 1997 in der Amsterdamer Protokollerklärung beschlossen und zuletzt Anfang 1999 bekräftigt haben: „daß der öffentlich-rechtliche Rundfunk mit seinen kulturellen, sozialen und demokratischen Aufgaben, die er zum Wohl der Allgemeinheit erfüllt, von entscheidender Bedeutung für Demokratie, Pluralismus, sozialen Zusammenhalt, kulturelle und sprachliche Vielfalt ist"[191]. Wer solche Einsichten festhalten und grundrechtsdogmatisch umsetzen will, der kann nicht einfach nur bei Art. 10 EMRK bleiben und für ein schwächliches Marktmodell à la „Fernsehen ohne Grenzen" optieren. Wenn man Art. 10 EMRK überhaupt als Ausgangspunkt beibehalten will, wird man jedenfalls nicht ohne weitreichende funktionale Ergänzungen und Modernisierungen des bisherigen Wortlauts auskommen können. Eine avancierte EU-Medienfreiheit könnte in der Grundrechtscharta in Art. 15 beispielsweise durch folgende Absätze verankert werden:

---

[191] So die Entschließung vom 25.1.1999 (Fn. 69), Erwägungsgrund B. Daraufhin wird in dem Dokument der einhellige Wille der Mitgliedstaaten bekräftigt, „die Rolle des öffentlich-rechtlichen Rundfunks herauszustellen". Seine Fähigkeit, „der Öffentlichkeit Programme und Dienste von hoher Qualität anzubieten", müsse gewahrt und ausgebaut werden, einschließlich der Entwicklung und Diversifizierung der Tätigkeiten im digitalen Zeitalter. Er müsse imstande sein, „weiterhin ein großes Programmspektrum ... bereitzustellen, um die Gesellschaft insgesamt anzusprechen".

„(2) Die Freiheit der Presse, des Rundfunks, des Films sowie der sonstigen an die Allgemeinheit gerichteten Kommunikation wird gewährleistet.

(3) Der Rundfunk dient der Information durch umfassende und wahrheitsgemäße Berichterstattung und durch die Verbreitung von Meinungen. Er trägt zur Bildung und Unterhaltung bei. Er ist Medium und Faktor des Prozesses freier Meinungsbildung. Er trägt der kulturellen Vielfalt in Europa Rechnung und fördert die europäische Integration. Er nimmt damit eine öffentliche Aufgabe wahr und ist darum unabhängig in der Programmgestaltung. Unbeschadet des Rechts, Rundfunk in privater Trägerschaft zu betreiben, werden Bestand und Entwicklung von Rundfunk in öffentlicher Trägerschaft gewährleistet."[192]

---

[192] Der hier vorgeschlagene, ggf. in Art. 15 des Präsidiumsentwurfs einzufügende Text lehnt sich in Abs. 2 an den ARD/ZDF-Vorschlag an. In Abs. 3 sind Elemente der oben 2. c) zitierten Verfassungs- und Gesetzesbestimmungen aus Bayern, Nordrhein-Westfalen, Sachsen und der Schweiz enthalten. Hinzugefügt werden könnten noch strukturpolitische Richtwerte nach Art der Präambel des RStV, etwa der Satz: „Anzustreben ist ein leistungsfähiges europäisches duales Rundfunksystem." Wer noch ein übriges tun will, mag anfügen: „Auf rundfunkähnliche Mediendienste sind diese Bestimmungen entsprechend anzuwenden." Schrankenregelungen sind noch nicht aufgenommen.

LITERATURVERZEICHNIS

Astheimer, Sabine	Rundfunkfreiheit – ein europäisches Grundrecht. Eine Untersuchung zu Art. 10 EMRK, Baden-Baden 1990
Astheimer, Sabine	Artikel 10 der Europäischen Menschenrechtskonvention, EWS 1991, 275 ff.
Astheimer, Sabine *Moosmayer, Klaus*	Europäische Rundfunkordnung – Chance oder Risiko?, ZUM 1994, 395 ff.
Bartosch, Andreas	Das Grünbuch über Konvergenz, ZUM 1998, 209 ff.
Beierwaltes, Andreas	Demokratie und Medien, Der Begriff der Öffentlichkeit und seine Bedeutung für die Demokratie in Europa, Baden-Baden 2000
Bethge, Herbert	Deutsche Bundesstaatlichkeit und Europäische Union. Bemerkungen über die Entscheidung des Bundesverfassungsgerichts zur EG-Fernsehrichtlinie, in: Wendt, Rudolf u.a. (Hrsg.): Staat, Wirtschaft, Steuern, Festschrift für K. H. Friauf zum 65. Geburtstag, Heidelberg 1996, S. 55 ff.
Beutler, Bengt	Die Erklärung des Europäischen Parlaments über Grundrechte und Grundfreiheiten vom 12. April 1989, EuGRZ 1989, 185 ff.
Bieber, Roland	„Besondere Rechte" für die Bürger der Europäischen Gemeinschaften, EuGRZ 1978, 203 ff.
ders.	Steigerungsform der Europäischen Union: Eine Europäische Verfassung, in: Ipsen, Jörn u.a. (Hrsg.): Verfassungsrecht im Wandel. Zum 180jährigen Bestehen der Carl Heymanns Verlag KG, Köln 1995, S. 291 ff.
ders. u. a. (Hrsg.)	Au nom des peuples européens un catalogue des droits fondamentaux de l'Union Européenne, Baden-Baden. 1996
Bleckmann, Albert	Europarecht, 6. Aufl., Köln 1997
von Bogdandy, Armin	Europäischer Protektionismus im Medienbereich. Zu Inhalt und Rechtmäßigkeit der Quotenregelungen in der Fernsehrichtlinie, EuZW 1992, 9 ff.
Bornemann, Roland	Private Rundfunkangebote in Bayern, K&R 1999, 265 ff.
Brinkmann, Michael	Das neue Recht des Mitteldeutschen Rundfunks unter besonderer Berücksichtigung der Entwicklungen des Rundfunkrechts in der ehemaligen DDR, Frankfurt a.M. 1994
Brok, Elmar	Der „Global Business Dialogue on Electronic Commerce", in: Bertelsmann-Briefe Nr. 141 (1999), S. 26 f.
Brühann, Ulf	Pluralismus und Medienkonzentration im Binnenmarkt, ZUM 1993, 600 ff.

ders.	Die Medien im europäischen Binnenmarkt: Wettbewerb, Konzentration und Pluralismussicherung, in: Bertelsmann-Briefe Nr. 130 (1993), S. 64 ff.
v. Brünneck, Alexander	Die öffentliche Meinung in der EG als Verfassungsproblem, EuR 1989, 249 ff.
Bryde, Brun-Otto	Verfassungsentwicklung. Stabilität und Dynamik im Verfassungsrecht der Bundesrepublik Deutschland, Baden-Baden 1982
Bullinger, Martin	Das Verhältnis von deutschem und europäischem Rundfunkrecht, VBlBW 1989, 161 ff.
ders.	Der Rundfunkbegriff in der Differenzierung kommunikativer Dienste, AfP 1996, 1 ff.
ders.	Die Aufgaben des öffentlichen Rundfunks. Wege zu einem Funktionsauftrag, Gütersloh 1999
Calliess, Christian Ruffert, Matthias (Hrsg.)	Kommentar des Vertrages über die Europäische Union und des Vertrages zur Gründung der Europäischen Gemeinschaft – EUV/EGV –, Neuwied 1999
Capotorti, Francesco u.a.	Der Vertrag zur Gründung der Europäischen Union, Baden-Baden 1986
Chwolik-Lanfermann, Ellen	Braucht die Europäische Union einen Grundrechtskatalog? ZRP 1995, 126 ff.
Cole, Mark D.	Eine Europäische Grundrechtscharta? Forum des Bundesjustizministeriums und der EU-Kommission, NJW 1999, 2798
Däubler-Gmelin, Herta	Warum brauchen die Europäer eine Charta, der Grundrechte? In: Vertretung der Europäischen Kommission in der Bundesrepublik Deutschland (Hrsg.): Eine europäische Charta der Grundrechte. Beitrag zur gemeinsamen Identität. Berlin 1999, S. 9 ff.
Degenhart, Christoph	Rundfunkordnung im europäischen Rahmen, ZUM 1992, 449 ff.
ders.	Rundfunk und Internet, ZUM 1998, 333 ff.
ders.	Medienrecht und Medienpolitik im 21. Jahrhundert, K&R 2000, 49 ff.
Degenhart, Christoph Meissner, Claus (Hrsg.)	Handbuch der Verfassung des Freistaates Sachsen, Stuttgart 1997
Delbrück, Jost	Die Rundfunkhoheit der deutschen Bundesländer im Spannungsfeld zwischen Regelungsanspruch der Europäischen Gemeinschaft und nationalem Verfassungsrecht, Frankfurt a.M. 1986

ders.   Grundzüge und rechtliche Probleme einer internationalen Me-
                          dienordnung, in: Hans-Bredow-Institut (Hrsg.) Internationales
                          Handbuch für Hörfunk und Fernsehen 1998/99. 24. Aufl. Baden-
                          Baden 1998, S. 15 ff.

Denninger, Erhard   Das wiedervereinte Deutschland in Europa: Zur „Identität" und
                          „inneren Verfassung" Europas, KritV 1995, 263 ff.

ders.   Menschenrechte und Staatsaufgaben – ein „europäisches" Thema,
                          JZ 1996, 585 ff.

Dörr, Dieter   Der deutsche Föderalismus und die entstehende Medienordnung,
                          EWS 1991, 259 ff.

ders.   Die Maastricht-Entscheidung des Bundesverfassungsgerichtes
                          und ihre Auswirkungen auf die Medienpolitik, ZUM 1995, 14 ff.

ders.   Auf dem Weg zur europäischen Informationsgesellschaft? In:
                          Dörr, Dieter/Dreher, Meinrad (Hrsg.): Europa als Rechtsgemein-
                          schaft. Baden-Baden 1997, S. 73 ff.

ders.   Die Rolle des öffentlich-rechtlichen Rundfunks in Europa, Baden-
                          Baden 1997

ders.   Europäische Medienordnung und -politik, in: Hans-Bredow-
                          Institut (Hrsg.): Internationales Handbuch für Hörfunk und Fern-
                          sehen 1998/99. 24. Aufl., Baden-Baden 1998, S. 71 ff.

ders.   Die Spartenkanäle von ARD/ZDF und das Europarecht, München
                          1999

Dörr, Dieter   Die Vereinbarkeit der Gebührenfinanzierung des österreichischen
Cloß, Wolfgang   Rundfunks mit dem EG-Beihilferecht, ZUM 1996, 195 ff.

Dörr, Dieter   Die Entwicklung des Medienrechts, NJW 1999, 1925 ff.
Eckl, Judith

Dörr, Renate   Die EU und die elektronischen Medien. Eine Übersicht über die
                          aktuelle Diskussion, epd medien 1998, Nr. 58, 2 ff.

Donges, Patrick u.a.   Globalisierung der Medien? Medienpolitik in der Informationsge-
(Hrsg.)   sellschaft, Opladen 1999

Drexl, Josef u.a.   Europäische Demokratie, Baden-Baden 1999
(Hrsg.)

Dumermuth, Martin   Die Programmaufsicht bei Radio und Fernsehen in der Schweiz,
                          Basel 1992

Eberle, Carl-E.   Das Fernsehen im Zugriff des europäischen Rechts, in: Bull, Hans
                          P. u.a. (Hrsg.): Festschrift für W. Thieme zum 70. Geburtstag,
                          Köln 1993, S. 939 ff.

ders.	Aktivitäten der Europäischen Union auf dem Gebiet der Medien und ihre Auswirkungen auf den öffentlich-rechtlichen Rundfunk, ZUM 1995, 763 ff.
Eifert, Martin	Funktionsauftrag: Funktionserfüllung als Auftrag und Aufgabe, epd medien 2000, Nr. 11, ff.
Eifert, Martin *Hoffmann-Riem,* *Wolfgang*	Die Entstehung und Ausgestaltung des dualen Rundfunksystems, in: Schwarzkopf, Dietrich (Hrsg.): Rundfunkpolitik in Deutschland. Wettbewerb und Öffentlichkeit, Bd. 1, München 2000, S. 50 ff.
Engel, Christoph	Außenhandel mit Rundfunk: Rundfunkrichtlinie der Europäischen Gemeinschaft versus Fernsehkonvention des Europarats. RuF 1989, 203 ff.
ders.	Privater Rundfunk vor der Europäischen Menschenrechtskonvention, Baden-Baden 1993
ders.	Einwirkungen des europäischen Menschenrechtsschutzes auf Meinungsäußerungsfreiheit und Pressefreiheit, insbesondere auf die Einführung von innerer Pressefreiheit, AfP 1994, 1 ff.
ders.	Rundfunk in Freiheit, AfP 1994, 185 ff.
ders.	Multimedia und das deutsche Verfassungsrecht, in: Hoffmann-Riem, Wolfgang/Vesting, Thomas (Hrsg.): Perspektiven der Informationsgesellschaft, Baden-Baden 1995, S. 155 ff.
ders.	Medienrechtliche Konzentrationsvorsorge, in: Die Landesmedienanstalten (Hrsg.): Die Sicherung der Meinungsvielfalt, Berlin 1995, S. 221 ff
ders.	Medienordnungsrecht, Baden-Baden 1996
ders.	Europarechtliche Grenzen für öffentlich-rechtliche Spartenprogramme? Berlin 1996
Frey, Dieter	Die europäische Fusionskontrolle und die Medienvielfalt, ZUM 1998, 985 ff.
Frey, Dieter	Das öffentlich-rechtliche Fernsehen im Wettbewerbsrecht der EG, ZUM 1999, 528 ff.
Fröhlinger, Margot	EG-Kartellrecht und Medien unter besonderer Berücksichtigung der Fusionskontrolle, in: Wittmann, Heinz (Hrsg.): Kartellrecht und Medien in Europa, Wien 1991, S. 7 ff.
Fröhlinger, Margot	EG-Wettbewerbsrecht und Fernsehen. RuF 1993, 59 ff.
Frowein, *Jochen A.*	Die Verfassung der Europäischen Union aus der Sicht der Mitgliedstaaten, EuR 1995, 315 ff.

Frowein, Jochen A. Peukert, Wolfgang	Europäische Menschenrechtskonvention. EMRK-Kommentar, 2. Aufl., Kehl 1996
Gellner, Winand (Hrsg.)	Europäisches Fernsehen – American-Blend? Fernsehmedien zwischen Amerikanisierung und Europäisierung, Berlin 1989
Geppert, Martin	Europäischer Rundfunkraum und nationale Rundfunkaufsicht. Zur Rolle und Zukunft der deutschen Landesmedienanstalten in einem europäischen Rundfunksystem, Berlin 1993
Gerhards, Jürgen	Westeuropäische Integration und die Schwierigkeiten der Entstehung einer europäischen Öffentlichkeit, Zeitschrift für Soziologie 1993, 96 ff.
Grimm, Dieter	Mit einer Aufwertung des Europa-Parlaments ist es nicht getan – Das Demokratiedefizit der EG hat strukturelle Ursachen, in: Ellwein, Thomas u.a. (Hrsg.): Jahrbuch zur Staats- und Verwaltungswissenschaft, Bd. 6, Baden-Baden 1993, S. 13 ff.
ders.	Braucht Europa eine Verfassung? München 1995
ders.	Braucht Europa eine Verfassung? JZ 1995, 581 ff.Auch in: Kimmel, Adolf (Hrsg.): Verfassungen als Fundament und Instrument der Politik, Baden-Baden 1995, S. 102 ff.
ders.	Ohne Volk keine Verfassung. Eine demokratische EU braucht bessere Institutionen, aber kein Grundgesetz, Die Zeit 1999, Nr. 12, 4 f.
ders.	Das Normziel Freiheit (Interview), epd medien 1999, Nr. 65, 3 ff.
Grob, Franziska B.	Die Programmautonomie von Radio und Fernsehen in der Schweiz, Zürich 1994
Gruber, Barbara	Medienpolitik der EG, Konstanz 1995
Gundel, Jörg	Nationale Programmquoten im Rundfunk: Vereinbar mit den Grundfreiheiten und der Rundfunkfreiheit des Gemeinschaftsrechts? ZUM 1998, 1002 ff.
Gusy, Christoph	Demokratiedefizite postnationaler Gemeinschaften unter Berücksichtigung der Europäischen Union, In: Brunkhorst, Hauke/Kettner, Matthias (Hrsg.): Globalisierung und Demokratie. Wirtschaft, Recht, Medien, Frankfurt a.M. 2000, S. 131 ff.
Häberle, Peter	Europäische Rechtskultur. Baden-Baden 1994
ders.	Die europäische Verfassungsstaatlichkeit. KritV 1995, 298 ff.
ders.	Gibt es eine europäische Öffentlichkeit? Thür. VBl. 1998, 121 ff.
Häberle, Peter u.a. (Hrsg)	Staat und Verfassung in Europa, Baden-Baden 2000

Hailbronner, Kay *Weber, Claus*	Möglichkeiten zur Förderung der europäischen Kultur in Rundfunk und Fernsehen anhand der Fernsehrichtlinie der Europäischen Gemeinschaft, DÖV 1997, 561 ff.
Halefeldt, Elke	Die Suche nach dem weltweiten Konzept. Zur Konferenz „Die Unesco und die Informationsgesellschaft", Funk-Korrespondenz 1997, Nr. 25, 6 ff.
Heinze, Matthias	Fernsehen ohne Grenzen – um jeden Preis? München 1993
Helberger, Natali	Die Konkretisierung des Sendestaatsprinzips in der Rechtsprechung des *EuGH*, ZUM 1998, 50 ff.
Herrmann, Günter	Rundfunkfreiheit und Rundfunkordnung im internationalen und europäischen Recht, EWS 1991, 269 ff.
ders.	Rundfunkrecht. Fernsehen und Hörfunk mit neuen Medien, München 1994
Herzog, Roman	Art. 5 I, II, in: Maunz, Theodor/Dürig, Günter u.a.: Grundgesetz. Kommentar, München (hier) 1992
ders.	... zum Demokratisierungsprozeß in der EU (Interview), Süddeutsche Zeitung 2000, Nr. 56, 9
Hesse, Albrecht	Der Rundfunkartikel der sächsischen Verfassung, Sächs. VBl. Verwaltungsblätter 1994, 73 ff.
ders.	Rundfunkrecht. Die Organisation des Rundfunks in der Bundesrepublik Deutschland, 2. Aufl., München 1999
ders.	Der Vierte Rundfunkänderungsstaatsvertrag aus der Sicht des öffentlich-rechtlichen Rundfunks, ZUM 2000, 183 ff.
Hesse, Konrad	Die neue Ordnung des Rundfunks in der Schweiz und der Bundesrepublik Deutschland, in: Haller, Walter u.a. (Hrsg.): Festschrift für U. Haefelin, Zürich 1989, S. 149 ff.
ders.	Grundzüge des Verfassungsrechts der Bundesrepublik Deutschland, 20. Aufl. Heidelberg 1995, Nachdruck 2000
Hilf, Meinhard	Ein Grundrechtskatalog für die Europäische Gemeinschaft, EuR 1991, 19 ff.
ders.	Die Notwendigkeit eines Grundrechtskataloges, in: Weidenfeld, Werner (Hrsg.): Der Schutz der Grundrechte in der Europäischen Gemeinschaft, Bonn 1992, S. 56 ff.
Hirsch, Günter	Gemeinschaftsgrundrechte: Rechtsprechung des EuGH, Verhältnis zum Grundgesetz, EU-Charta, in: Vertretung der Europäischen Kommission in der Bundesrepublik Deutschland (Hrsg.): Eine europäische Charta der Grundrechte. Beitrag zur gemeinsamen Identität, Berlin 1999, S. 43 ff.

Hofmann, Ekkehard	Welche Verfassung für Europa? Erstes interdisziplinäres „Schwarzkopf-Kolloquium" zur Verfassungsdebatte in der Europäischen Union in Hamburg, NVwZ 2000, 289 f.
Hoffmann-Riem, Wolfgang	Kommerzielles Fernsehen. Rundfunkfreiheit zwischen ökonomischer Nutzung und staatlicher Regulierungsverantwortung: das Beispiel USA, Baden-Baden 1981
ders.	Europäisierung des Rundfunks – aber ohne Kommunikationsverfassung? in: ders. (Hrsg.): Rundfunk im Wettbewerbsrecht, Baden-Baden 1988, S. 201 ff. Auch in: RuF 1988, 5 ff.
ders.	Kommunikations- und Medienfreiheit, in: Benda, Ernst u.a. (Hrsg.): Handbuch des Verfassungsrechts der Bundesrepublik Deutschland, 2. Aufl., Berlin 1994, S. 191 ff.
ders.	Medienregulierung als regulierte Selbstregulierung. Bertelsmann-Briefe Nr. 134 (1995), S. 52 ff.
ders.	Der Rundfunkbegriff in der Differenzierung kommunikativer Dienste, AfP 1996, 9 ff.
ders.	Aufgaben zukünftiger Medienregulierung, in: Tauss, Jörg u.a. (Hrsg.): Deutschlands Weg in die Informationsgesellschaft, Baden-Baden 1996, S. 568 ff.
ders.	Regulating Media. The Licensing and Supervision of Broadcasting in Six Countries, New York 1996
ders.	Thesen zur Regulierung der dualen Rundfunkordnung. Medien & Kommunikationswissenschaft 2000, 7 ff.
Hoffmann-Riem, Wolfgang *Vesting, Thomas*	Ende der Massenkommunikation? Zum Strukturwandel der technischen Medien, in: Dies. (Hrsg.): Perspektiven der Informationsgesellschaft, Baden-Baden 1995, S. 11 ff.
Hoffmann-Riem, Wolfgang u.a.	Konvergenz und Regulierung. Optionen für rechtliche Regelungen und Aufsichtsstrukturen im Bereich Information, Kommunikation und Medien, Baden-Baden 2000
Holoubek, Michael	Die Rundfunkfreiheit des Art. 10 EMRK. Bedeutung und Konsequenzen des Rundfunkmonopol-Urteils des EGMR für Österreich, Medien und Recht 1994, Nr. 1, 6 ff.
Holzer, Norbert	Deutsche Rundfunkgebühr als unzulässige Beihilfe im Sinne des europäischen Rechts? ZUM 1996, 274 ff.
Holznagel, Bernd	Rundfunkrecht in Europa. Auf dem Weg zu einem Gemeinrecht europäischer Rundfunkordnungen, Tübingen 1996
ders.	Rechtliche Rahmenbedingungen des digitalen Fernsehens, in: Prütting, Hans u.a.: Die Zukunft der Medien hat schon begonnen – Rechtlicher Rahmen und neue Teledienste im Digitalzeitalter, München 1998, S. 37 ff.

ders.   Multimedia zwischen Regulierung und Freiheit, ZUM 1999, 425 ff.

ders.   Multimedia – mehr oder weniger Freiheit für die Nutzer? ZG 1999, Sonderheft: Mediengesetzgebung – Zukunftsgestaltung oder Wettbewerbshindernis? S. 23 ff.

ders.   Der spezifische Funktionsauftrag des Zweiten Deutschen Fernsehens (ZDF), Mainz 1999

Holznagel, Bernd   Sparten- und Zielgruppenprogramme im öffentlich-rechtlichen
Vesting, Thomas   Rundfunk, insbesondere im Hörfunk. Baden-Baden 1999

Humphreys, Peter   Das Rundfunksystem Großbritanniens, in: Hans-Bredow-Institut (Hrsg.): Internationales Handbuch für Hörfunk und Fernsehen 1998/99, 24. Aufl., Baden-Baden 1998, S. 346 ff.

Institut für Europäi- Europäisches   Medien-   und   Telekommunikationsrecht.
sches Medienrecht –   Textsammlung, Baden-Baden 1998
EMR (Hrsg.)

Isensee, Josef   Integrationsziel Europastaat? In: Due, Ole u.a. (Hrsg.): Festschrift für U. Everling, Bd. I, Baden-Baden 1995, S. 567 ff.

Jarass, Hans D.   Elemente einer Dogmatik der Grundfreiheiten, EuR 1995, 202 ff.

ders.   Rundfunkbegriffe im Zeitalter des Internet, AfP 1998, 133 ff.

Jarren, Otfried   Rundfunkaufsicht zwischen Gemeinwohlsicherung und Wirt-
Schulz, Wolfgang   schaftsförderung, in: Schwarzkopf, Dietrich (Hrsg.): Rundfunkpolitik in Deutschland. Wettbewerb und Öffentlichkeit, Bd. 1, München 1999, S. 117 ff.

Jarren, Otfried   Globalisierung der Medienlandschaft und ihre medienpolitische
Meier, Werner A.   Bewältigung: Ende der Medienpolitik oder neue Gestaltungsformen auf regionaler und nationaler Ebene? In: Brunkhorst, Hauke/Kettner, Matthias (Hrsg.): Globalisierung und Demokratie. Wirtschaft, Recht, Medien, Frankfurt a.M. 2000, S. 347 ff.

Jestaedt, Thomas   Europäische Fusionskontrolle im Medienbereich. EuZW 1997,
Anweiler, Jochen   549 ff.

Jung, Christian   Art. 86 EGV, in: Calliess, Christian/Ruffert, Matthias (Hrsg.): EUV/EGV, Neuwied 1999

Kettner, Matthias   Öffentlichkeit und entgrenzter politischer Handlungsraum: Der
Schneider,   Traum von der „Weltöffentlichkeit" und die Lehren des europäi-
Marie-L.   schen Publizitätsproblems, in: Brunkhorst, Hauke/Kettner, Matthias (Hrsg.): Globalisierung und Demokratie. Wirtschaft, Recht, Medien, Frankfurt a.M. 2000, S. 369 ff.

Kingreen, Thorsten   Die Struktur der Grundfreiheiten des Europäischen Gemeinschaftsrechts, Berlin 1999

ders.	Art. 6 Abs. 1 und 2 EUV, in: Calliess, Christian/Ruffert, Matthias (Hrsg.): EUV/EGV, Neuwied 1999
Klein, Eckart	Maßstäbe für die Freiheit der öffentlichen und privaten Medien – Unter besonderer Berücksichtigung internationaler Verpflichtungen, DÖV 1999, 758 ff.
Kleinsteuber, Hans J.	Das Rundfunksystem der USA, in: Hans-Bredow-Institut (Hrsg.): Internationales Handbuch für Hörfunk und Fernsehen 1998/99, 24. Aufl., Baden-Baden 1998, S. 743 ff.
Kleinsteuber, Hans J. u.a. (Hrsg.)	EG-Medienpolitik. Fernsehen in Europa zwischen Kultur und Kommerz, Berlin 1990
Kleinsteuber, Hans J. Rossmann, Torsten	Europa als Kommunikationsraum. Akteure, Strukturen und Konfliktpotentiale in der europäischen Medienpolitik, Opladen 1994
Kloepfer, Michael	„Innere Pressefreiheit" und Europäische Menschenrechtskonvention, in: Wendt, Rudolf u.ä. (Hrsg.): Staat, Wirtschaft, Steuern. Festschrift für K. H. Friauf zum 65. Geburtstag, Heidelberg 1996, S. 155 ff.
ders.	„Innere Pressefreiheit" und Tendenzschutz im Lichte des Artikels 10 der Europäischen Konvention zum Schutze der Menschenrechte und Grundfreiheiten, Berlin 1996
Klotz, Robert	Auf dem Weg zu einem europäischen Multimediarecht, ZUM 1999, 443 ff.
Kluth, Winfried	Die demokratische Legitimation der Europäischen Union, Berlin 1995
Knothe, Matthias	Die Revision der EG-Fernsehrichtlinie, AfP 1997, 849 ff.
ders.	Konvergenz und Medien aus nationaler Sicht, K & R 1998, 95 ff.
Koenig, Christian	Anmerkungen zur Grundordnung der Europäischen Union und ihrem fehlenden „Verfassungsbedarf", NVwZ 1996, 549 ff.
Kopper, Gerd G. (Hrsg.)	Europäische Öffentlichkeit: Entwicklung von Strukturen und Theorie, Berlin 1997
Kreile, Johannes	Aktivitäten der Europäischen Union auf dem Gebiet der Medien und ihre Auswirkungen auf die Film- und Fernsehwirtschaft. Das Media-II-Programm der EU, ZUM 1995, 753 ff.
Kugelmann, Dieter	Der Rundfunk und die Dienstleistungsfreiheit des EWG-Vertrages, Berlin 1991
ders.	Die Grenzen des Anwendungsbereichs der EG-Fernseh-Richtlinie. Die Verwaltung 1992, 515 ff.
Kuhne, Helmut	Alles Konvergenz oder was? Das EU-Grünbuch: eine Auseinandersetzung, epd medien 1998, Nr. 38, 9 ff.
Kull, Edgar	Das europäische Recht und die Presse, AfP 1993, 430 ff.

89

ders.	„Freedom within the media" – Von deutschen Anfängen zu europäischen Weiterungen, AfP 1995, 551 ff.
Kunzmann, Bernd u.a.	Die Verfassung des Freistaates Sachsen, Berlin 1993
Ladeur, Karl-H.	Unternehmensverfassung oder Rundfunkverfassung, in: Hoffmann-Riem, Wolfgang/Vesting, Thomas (Hrsg.): Perspektiven der Informationsgesellschaft, Baden-Baden 1995, S. 172 ff.
ders.	Der „Funktionsauftrag" des öffentlich-rechtlichen Rundfunks – auf „Integration" festgelegt oder selbst definiert? Medien & Kommunikationswissenschaft 2000, S. 93 ff.
Läufer, Thomas	Zum Stand der Verfassungsdiskussion in der Europäischen Union, in: Randelzhofer, Albrecht u.a. (Hrsg.): Gedächtnisschrift für E. Grabitz, München 1995, S. 355 ff.
Lenz, Carl-0.	Der europäische Grundrechtsstandard in der Rechtsprechung des Europäischen Gerichtshofes, EuGRZ 1993, 585 ff.
Lerche, Peter	Konsequenzen aus der Entscheidung des Bundesverfassungsgerichts zur EG-Fernsehrichtlinie, AfP 1995, 632 ff.
Leutheusser-Schnarrenberger, Sabine	Eine europäische Charta der Grundrechte: Teil einer europäischen Verfassung? In: Vertretung der Europäischen Kommission in der Bundesrepublik Deutschland (Hrsg.): Eine europäische Charta der Grundrechte. Beitrag zur gemeinsamen Identität, Berlin 1999, S. 63 ff.
Linck, Joachim u.a.	Die Verfassung des Freistaates Thüringen. Kommentar, Stuttgart 1994
Losch, Bernhard Radau, Wiltrud C.	Grundrechtskatalog für die Europäische Union, ZRP 2000, 84 ff.
Mailänder, Peter	Konzentrationskontrolle zur Sicherung der Meinungsvielfalt im privaten Rundfunk. Eine vergleichende Untersuchung der Rechtslage in Deutschland, Frankreich, Italien, Großbritannien, Spanien, Österreich sowie den Niederlanden und im Europäischen Recht, Baden-Baden, 2000
de Mateo, Rosario	Das Rundfunksystem Spaniens, in: Hans-Bredow-Institut (Hrsg.): Internationales Handbuch für Hörfunk und Fernsehen 1998/99, 24. Aufl., Baden-Baden, 1998, S. 536 ff.
Meckel, Miriam	Fernsehen ohne Grenzen? Europas Fernsehen zwischen Integration und Segmentierung, Opladen 1994
dies.	Kulturelle Konfrontation oder kommunikative Konvergenz in der Weltgesellschaft? Kommunikation im Zeitalter der Globalisierung, Rechtstheorie 1998, S. 425 ff.

Meier, Werner A. u.a	Medienlandschaft Schweiz im Umbruch. Vom öffentlichen Kulturgut Rundfunk zur elektronischen Kioskware, Basel 1993
Meier, Werner A. *Rathgeb, Jürgen*	Das Rundfunksystem der Schweiz, in: Hans-Bredow-Institut (Hrsg.): Internationales Handbuch für Hörfunk und Fernsehen 1998/99, 24. Aufl., Baden-Baden, 1998, S. 517 ff.
Meinel, Wulf	Grenzen europäischer Rundfunkrechtsetzung. Dargestellt am Beispiel der Fernsehrichtlinie der Europäischen Gemeinschaft vom 3. Oktober 1989, Frankfurt a.M. 1993
Mestmäcker, Ernst-J.	Elektronische Medien in der Europäischen Wirtschafts- und Kulturgemeinschaft, in: Kaufmann, Arthur u.a. (Hrsg.): Rechtsstaat und Menschenwürde. Festschrift für W. Maihofer zum 70. Geburtstag, Frankfurt a.M. 1988, S. 269 ff.
Mestmäcker, Ernst-J. *u.a.*	Der Einfluß des europäischen Gemeinschaftsrechts auf die deutsche Rundfunkordnung, Baden-Baden 1990
Meyer, Jürgen	Die EU ist auch eine Wertegemeinschaft. Die Grundrechtscharta soll die Integration fördern (Interview), ZRP 2000, 114 ff.
ders.	Will Europa sein Modell opfern? Die geplante EU-Grundrechtscharta belebt die alte Debatte über die Notwendigkeit sozialer Rechte neu, Frankfurter Rundschau 2000, Nr. 99, 6
Michel, Eva-M.	Grünbücher, Richtlinien und Mitteilungen. Rundfunkentwicklung unter dem Einfluß europäischer Regelungen, in: ARD (Hrsg.): ARD Jahrbuch 98, Baden-Baden 1998, S. 119 ff.
Michel, Eva-M.	Rundfunk und Internet, ZUM 1998, 350 ff.
Middelhoff, Thomas	Eine Strategie für die digitale Medienwelt, Bertelsmann-Briefe Nr. 141 (1999), 33 ff.
Müller, Edith	Redaktion, Zustimmung und rechtliche Bindung einer europäischen Charta der Grundrechte, in: Vertretung der Europäischen Kommission in der Bundesrepublik Deutschland (Hrsg.): Eine europäische Charta der Grundrechte. Beitrag zur gemeinsamen Identität, Berlin 1999, S. 25 ff.
Müller, Klaus	Verfassung des Freistaates Sachsen. Kommentar, Baden-Baden 1993
Müller-Graff, Peter-Christian *Riedel, Eibe (Hrsg.)*	Gemeinsames Verfassungsrecht in der Europäischen Union, Baden-Baden 1998
Natale, Anna L.	Das Rundfunksystem Italiens, in: Hans-Bredow-Institut (Hrsg.): Internationales Handbuch für Hörfunk und Fernsehen 1998/99, 24. Aufl., Baden-Baden 1998, S. 376 ff.

Nickel, Dietmar   Die Erklärung der Grundrechte und Grundfreiheiten des Europäischen Parlaments – Ein Schritt zur Verringerung des Grundrechtsdefizits der Europäischen Gemeinschaften, in: Magiera, Siegfried (Hrsg.): Das Europa der Bürger in einer Gemeinschaft ohne Binnengrenzen, Baden-Baden 1990, S. 89 ff.

Niewiarra, Manfred   Folgerungen aus den Aktivitäten der EU für die private Fernsehwirtschaft im Hinblick auf neue Angebote und Dienste, ZUM 1995, 758 ff.

Nissen, Thomas R.   Rundfunk im Wandel: Neue Bundesländer (Sachsen), in: Stern, Klaus u.a.: Rundfunk im Wandel von der Dikatur zur freiheitlichen Demokratie – neue Bundesländer, Ungarn, Polen, Tschechische und Slowakische Republik, München 1994, S. 45 ff.

Nowak, Carsten   Welche Verfassung für Europa? Bericht über das interdisziplinäre „Schwarzkopf-Kolloquium" zur Verfassungsdebatte in der Europäischen Union. DVBl 2000, 326 ff.

Oberst, Walter   Der Kinderkanal von ARD und ZDF in der Diskussion, Media Perspektiven 1997, 23 ff.

Offenhäußer, Dieter   Die UNESCO und die globale Informationsgesellschaft, in: Donges, Patrick u.a. (Hrsg.): Globalisierung der Medien? Opladen 1999, S. 73 ff.

Oppermann, Thomas   Deutsche Rundfunkgebühren und europäisches Beihilferecht, Berlin 1997

ders.   Europarecht. 2. Aufl., München 1999

Ossenbühl, Fritz   Rundfunk zwischen nationalem Verfassungsrecht und europäischem Gemeinschaftsrecht, Frankfurt a.M. 1986

Paulweber, Michael   Eine Super-Medienbehörde in Deutschland? AfP 1999, 439 ff.

Pernice, Ingolf   Gemeinschaftsverfassung und Grundrechtsschutz – Grundlagen, Bestand und Perspektiven, NJW 1990, 2409 ff.

Petersen, Nikolaus   Rundfunkfreiheit und EG-Vertrag. Die Einwirkungen des Europäischen Rechts auf die Ausgestaltung der nationalen Rundfunkordnungen, Baden-Baden 1994

Peukert, Wolfgang   Die Kommunikationsrechte im Lichte der Rechtsprechung der Organe der Europäischen Menschenrechtskonvention (EMRK), in: Däubler-Gmelin, Herta u.a. (Hrsg.): Gegenrede. Festschrift für E. G. Mahrenholz, Baden-Baden 1994, S. 277 ff.

Preuß, Ulrich K.   Grundrechte in der Europäischen Union, KritJ 1998, 1 ff.

Probst, Philippe M.   Art. 10 EMRK – Bedeutung für den Rundfunk in Europa, Baden-Baden 1996

Radke, Klaus   Phoenix: Ziele, Programm und Programmphilosophie, Media Perspektiven 1997, 206 ff.

Randelzhofer, Albrecht	Zum behaupteten Demokratiedefizit der Europäischen Gemeinschaft, in: Hommelhoff, Peter/Kirchhof, Paul (Hrsg.): Der Staatenverbund der Europäischen Union, Heidelberg 1994, S. 39 ff.
van Reenen, Ben	Der Rundfunk in den Niederlanden, in: Hans-Bredow-Institut (Hrsg,): Internationales Handbuch für Hörfunk und Fernsehen 1998/99, 24. Aufl., Baden-Baden 1998, S. 426 ff.
Reich, Dietmar 0.	Rechte des Europäischen Parlaments in Gegenwart und Zukunft, Berlin 1999
Reich, Norbert	Bürgerrechte in der Europäischen Union, Baden-Baden 1999
Reiter, Udo	Die Strategie der ARD im digitalen Zeitalter, Media Perspektiven 1997, 410 ff.
Rengeling, Hans-W.	Grundrechtsschutz in der Europäischen Gemeinschaft. Bestandsaufnahme und Analyse der Rechtsprechung des Europäischen Gerichtshofs zum Schutze der Grundrechte als allgemeine Rechtsgrundsätze, München 1993
ders.	Eine Charta der Grundrechte. Die EU wird zur Wertegemeinschaft, Frankfurter Allgemeine Zeitung 1999, Nr. 166, 13
Renck-Laufke, Martha	Medienrecht gegen die Verfassung, ZUM 1998, 390 ff.
Röper, Horst	Formationen deutscher Medienmultis 1998/99, Media Perspektiven 1999, 345 ff.
Rossen, Helge	Freie Meinungsbildung durch den Rundfunk. Die Rundfunkfreiheit im Gewährleistungsgefüge des Art. 5 Abs. 1 GG, Baden-Baden 1988
Rossen-Stadtfeld, Helge	Medienaufsicht unter Konvergenzbedingungen, ZUM 2000, 36 ff.
Rüggeberg, Jörg	Rundfunk als Wirtschaftsgut. Die Europäische Wirtschaftsgemeinschaft im Zugriff auf den öffentlich-rechtlichen Rundfunk, VerwA 1992, 330 ff.
ders.	Europäische Medienrechtsordnung und die deutsche Fernsehlandschaft, Wirtschaft und Verwaltung 1999, 204 ff.
Schäfer, Albert	Der Kinderkanal von ARD und ZDF – ein unverzichtbares Angebot, Media Perspektiven 1999, 626 ff.
Schardt, Andreas	Novellierung der Richtlinie „Fernsehen ohne Grenzen": Quoten ohne Ende, ZUM 1995, 734 ff.
Scharf, Albert	Fernsehen ohne Grenzen – Die Errichtung des Gemeinsamen Marktes für den Rundfunk, in: Magiera, Siegfried (Hrsg.): Entwicklungsperspektiven der Europäischen Gemeinschaft, Berlin 1985, S. 147 ff.

Schellenberg, Martin	Europäische Konzentrationskontrolle im Medienbereich, DZWiR 1994, 410 ff.
ders.	Rundfunk-Konzentrationsbekämpfung zur Sicherung des Pluralismus im Rechtsvergleich. Rundfunkstaatsvertrag 1997 und Landesmediengesetze im Vergleich mit den Kontrollsystemen in Frankreich, Italien und Großbritannien, Baden-Baden 1997
Schiffauer, Peter	Überlegungen zur Kodifizierung der Grundrechte der Europäischen Gemeinschaften aus der Sicht der Grundrechtstheorie, EuGRZ 1981, 193 ff.
Schilling, Theodor	Bestand und allgemeine Lehren der bürgerschützenden allgemeinen Rechtsgrundsätze des Gemeinschaftsrechts, EuGRZ 2000, 3 ff.
Schmittmann, Michael u.a.	Die europäische audiovisuelle Politik. Ein Überblick zum Jahresbeginn 2000, AfP 2000, 37 ff.
Schmittmann, Michael *Busemann, Jan R.*	Die künftige Strategie der EU-Kommission in der audiovisuellen Politik im digitalen Zeitalter, AfP 2000, 149 ff.
Schneider, Ute	Auswirkungen des MEDIA Programms auf die europäische Filmindustrie, ZUM 1995, 769 ff.
Schoch, Friedrich	Öffentlich-rechtliche Rahmenbedingungen einer Informationsordnung, in: VVDStRL, Bd. 57, Berlin 1998, S. 158 ff.
Schoch, Friedrich	Verantwortungsteilung in einer staatlich zu regelnden Informationsordnung, in: Schuppert, Gunnar F. (Hrsg.): Jenseits von Privatisierung und „schlankem" Staat, Baden-Baden 1999, S. 221 ff.
Schröder, Meinhard	Grundsatzfragen einer europäischen Verfassungsgebung, in: Ipsen, Jörn u.a. (Hrsg.): Verfassungsrecht im Wandel. Zum 180jährigen Bestehen der Carl Heymanns Verlag KG, Köln 1995, S. 509 ff.
Schürmann, Leo *Nobel, Peter*	Medienrecht, 2. Aufl., Bern 1993
Schuler-Harms, Margarete	Das Rundfunksystem der Bundesrepublik Deutschland, in: Hans-Bredow-Institut (Hrsg.): Internationales Handbuch für Hörfunk und Fernsehen 1998/99, Baden-Baden 1998, S. 133 ff.
Schulz, Wolfgang	Jenseits der „Meinungsrelevanz" – Verfassungsrechtliche Überlegungen zu Ausgestaltung und Gesetzgebungskompetenzen bei neuen Kommunikationsformen, ZUM 1996, 487 ff.
Schulz, Wolfgang u.a.	Digitales Fernsehen. Regulierungskonzepte und -perspektiven, Opladen 1999
Schulz, Wolfgang *Held, Thorsten*	Neue Rezepte, frische Zutaten. Was die Konvergenz erfordert, epd medien 2000, Nr. 30, 8 ff.

Schuppert, Gunnar F.	Zur Staatswerdung Europas, Staatswissenschaften und Staatspraxis 1994, 35 ff.
Schwartz, Ivo E.	Die Liberalisierung der nationalen Hörfunk- und Fernsehsysteme aufgrund des Gemeinschaftsrechts, in: GRUR Int. 1982, S. 713 ff. Auch in: Seidel, Martin (Hrsg.): Hörfunk und Fernsehen im Gemeinsamen Markt, Baden-Baden 1983, S. 147 ff.
ders.	Rundfunk und EWG-Vertrag, in: Schwarze, Jürgen (Hrsg.): Fernsehen ohne Grenzen, Baden-Baden 1985, S. 45 ff.
ders.	Fernsehen ohne Grenzen – Die Errichtung des Gemeinsamen Marktes für den Rundfunk, in: Magiera, Siegfried (Hrsg.): Entwicklungsperspektiven der Europäischen Gemeinschaft, Berlin 1985, S. 121 ff.
ders.	Zur Debatte über das EG-Grünbuch: Weitere Aktionen der Kommission, in: Schwarze, Jürgen (Hrsg.): Rundfunk und Fernsehen im Lichte der Entwicklung des nationalen und internationalen Rechts, Baden-Baden 1996, S. 99 ff.
ders.	Zur Zuständigkeit der Europäischen Gemeinschaft im Bereich des Rundfunks, in: Arbeitskreis Werbefernsehen der deutschen Wirtschaft (Hrsg.): Europafernsehen und Werbung, Baden-Baden 1987, S. 79 ff. Auch in: AfP 1987, 375 ff.
ders.	Fernsehen ohne Grenzen: Zur Effektivität und zum Verhältnis von EG-Richtlinie und Europarats-Konvention, EuR 1989, 1 ff.
ders.	EG-Rechtsetzungsbefugnis für das Fernsehen, ZUM 1989, 381 ff.
ders.	Rundfunk, EG-Kompetenzen und ihre Ausübung, in: Stern, Klaus u.a.: Eine Rundfunkordnung für Europa - Chancen und Risiken, München 1990, S. 11 ff. Auch ZUM 1991, 155 ff.
ders.	Subsidiarität und EG-Kompetenzen. Der neue Titel „Kultur", Medienvielfalt und Binnenmarkt, AfP 1993, 409 ff.
ders.	Europäisches Medienrecht, in: Schiwy, Peter/ Schütz, Walter J. (Hrsg.): Medienrecht. 3. Aufl., Neuwied 1994, S. 92 ff.
Seibert, Helga	Kolloquium in Paris: „Definition und Garantie individueller Grundrechte in der Europäischen Gemeinschaft", EuGRZ 1975, 316 f.
Seidel, Martin (Hrsg.)	Hörfunk und Fernsehen im Gemeinsamen Markt, Baden-Baden 1983
Selmer, Peter Gersdorf, Hubertus	Die Finanzierung des Rundfunks in der Bundesrepublik Deutschland auf dem Prüfstand des EG-Beihilferegimes, Berlin 1994
Seri, Persephone	Das Rundfunksystem Griechenlands, in: Hans-Bredow-Institut (Hrsg.): Internationales Handbuch für Hörfunk und Fernsehen 1998/99, 24. Aufl., Baden-Baden 1998, S. 337 ff.

Siebenhaar, *Hans-P.*	Europa als audiovisueller Raum. Ordnungspolitik des grenzüber- schreitenden Fernsehens in Westeuropa, Opladen 1994
ders.	Europäisches Fernsehen. Mehrsprachiges, grenzüberschreitendes Fernsehen als Instrument des Einigungsprozesses? RuF 1994, 49 ff.
Simon, Helmut u.a. *(Hrsg.)*	Handbuch der Verfassung des Landes Brandenburg, Stuttgart 1994
Starck, Christian	Ein Grundrechtskatalog für die Europäischen Gemeinschaften, EuGRZ 1981, 545 ff.
Steinberg, Rudolf	Grundgesetz und Europäische Verfassung, ZRP 1999, 365 ff.
Steinmaurer, Thomas	Das Rundfunksystem Österreichs, in: Hans-Bredow-Institut (Hrsg.): Internationales Handbuch für Hörfunk und Fernsehen 1998/99, 24., Aufl., Baden-Baden 1998, S. 449 ff.
Stock, Martin	Strukturprobleme des europäischen Satellitenrundfunks. Einige Bemerkungen aus verfassungsrechtlicher Sicht, in: Engler, Jörg/Hoffmann-Riem, Wolfgang (Hrsg.): Satelliten- Kommunikation. Nationale Mediensysteme und internationale Kommunikationspolitik, Hamburg 1983, S. 40 ff.
ders.	Marktmodell kontra Integrationsmodell? Zur Entwicklung des Medienverfassungsrechts in der Ära der neuen Techniken, AöR 110 (1985), 219 ff.
ders.	Medienfreiheit als Funktionsgrundrecht, München 1985
ders.	Landesmedienrecht im Wandel. Eine Zwischenbilanz am Beispiel Nordrhein-Westfalens, München 1986
ders.	Nationaler Privatrundfunk im Bundesstaat. Regelungsbedarf, alte und neue Provisorien, ZUM 1986, 411 ff.
ders.	Neues Privatrundfunkrecht. Die nordrhein-westfälische Variante, München 1987
ders.	Europäisches Medienrecht im Werden – Probleme und Chancen, RuF 1989, S. 180 ff. Auch in: Hans-Bredow-Institut (Hrsg.): Rundfunk und Fernsehen 1948-1989, Baden-Baden 1990, S. 272 ff.
ders.	Allgemeine Kommunikationsfreiheit durch Medienfreiheit, in: Schwartländer, Johannes/Riedel, Eibe (Hrsg.): Neue Medien und Meinungsfreiheit, Kehl 1990, S. 59 ff.
ders.	Privatfunk als „öffentlich-rechtlicher Rundfunk"? Ein bayerisches Verfassungsproblem, JZ 1991, 645 ff.
ders.	Der neue Rundfunkstaatsvertrag, RuF 1992, 189 ff.

ders.	Medienkonzentration und föderative Rundfunkaufsicht, NWVBl 1994, 321 ff.
ders.	Individualisierung versus Integration? In: Hoffmann-Riem, Wolfgang/Vesting, Thomas (Hrsg.): Perspektiven der Informationsgesellschaft, Baden-Baden 1995, S. 142 ff.
ders.	Medienpolitik auf neuen Wegen – weg vom Grundgesetz? Das duale Rundfunksystem nach der staatsvertraglichen Neuregelung (1996), RuF 1997, 141 ff.
ders.	Zwischenbilanz der Rechtsprechung zur Rundfunkregulierung. Anspruch, Wirklichkeit, Perspektiven, ZG 1999. Sonderheft: Mediengesetzgebung – Zukunftsgestaltung oder Wettbewerbshindernis? S. 5 ff.
Stolleis, Michael	Das „europäische Haus" und seine Verfassung, KritV 1995, 275 ff.
Stolte, Dieter	Renaissance des öffentlich-rechtlichen Rundfunks, in: ZDF (Hrsg.): ZDF Jahrbuch 98, Mainz 1999, S. 53 ff.
Storr, Stefan	Zur Bonität des Grundrechtsschutzes in der Europäischen Union, Der Staat 1997, 547 ff.
Streinz, Rudolf	Europarecht, 4. Aufl., Heidelberg 1999
Teixeira, Antonio M.	Das Rundfunksystem Portugals, in: Hans-Bredow-Institut (Hrsg.): Internationales Handbuch für Hörfunk und Fernsehen 1998/99, 24. Aufl., Baden-Baden 1998, S. 470 ff.
von Trützschler, Wolfgang	Das Rundfunksystem der Republik Irland, in: Hans-Bredow-Institut (Hrsg.): Internationales Handbuch für Hörfunk und Fernsehen 1998/99, 24. Aufl., Baden-Baden 1998, S. 362 ff.
Twaroch, Paul Buchner, Wolfgang (Hrsg.)	Rundfunkrecht in Österreich, 4. Aufl., Wien 1992
Uerpmann, Robert	Die Europäische Menschenrechtskonvention und die deutsche Rechtsprechung, Berlin 1993
	Verfassungen der deutschen Bundesländer. Beck'sche Textausgabe, 6. Aufl., München 1999
	Die Verfassungen der EG-Mitgliedstaaten. Beck'sche Textausgabe, 4. Aufl., München 1996
Vertretung der Europäischen Kommission in der Bundesrepublik Deutschland (Hrsg.)	Eine europäische Charta der Grundrechte. Beitrag zur gemeinsamen Identität (Europäische Gespräche 2/1999), Berlin 1999

Vesting, Thomas	Ökonomie im Überfluß. Medienregulierung im Zeitalter der Vernetzung, epd medien 2000, Nr. 24, 3 ff.
Voß, Peter	Revolution im Rundfunk? Baden-Baden 1999
ders.	Warum es nicht ohne die ARD geht, Media Perspektiven 1999, 278 ff.
Wagner, Christoph	Konzentrationskontrolle im Medien-Binnenmarkt der EG, AfP 1992, 1 ff.
v. Wallenberg, Gabriela	Das Grünbuch der EG-Kommission zu „Pluralismus und Medienkonzentration im Binnenmarkt", WuW 1993, 910 ff.
Weber, Albrecht	Die Grundrechte im Integrationsprozeß der Gemeinschaft in vergleichender Perspektive, JZ 1989, 965 ff.
ders.	Die Europäische Grundrechtscharta – auf dem Weg zu einer europäischen Verfassung, NJW 2000, 537 ff.
Weidenfeld, Werner (Hrsg.)	Der Schutz der Grundrechte in der europäischen Gemeinschaft, Bonn 1992
Wernicke, Christian	Herzogs Experiment. Die Wertegemeinschaft Europa im Labor: 62 Delegierte auf der Suche nach einer Grundrechtscharta, Die Zeit 2000, Nr. 12, 6
Wittmann, Heinz	Rundfunkfreiheit. Öffentlichrechtliche Grundlagen des Rundfunks in Österreich, Wien 1981
Zeller, Rüdiger	Die EBU. Internationale Rundfunkkooperation im Wandel, Baden-Baden 1999
Zimmer, Jochen	Europas Fernsehen im Wandel. Probleme einer Europäisierung von Ordnungspolitik und Programmen, Frankfurt a.M. 1993
Zuleeg, Manfred	Der Schutz der Menschenrechte im Gemeinschaftsrecht, DÖV 1992, 937 ff.
ders.	Demokratie in der Europäischen Gemeinschaft, JZ 1993, 1069 ff.

ANHANG: DOKUMENTE ZUR ENTWICKLUNG
DER GRUNDRECHTE IN EUROPA

Nr. 1 Europäisches Parlament: Erklärung der Grundrechte und Grundfreiheiten vom 12. April 1989[1]

ALLGEMEINE BESTIMMUNGEN

Artikel 1 (Würde des Menschen)

Die Würde des Menschen ist unantastbar.

Artikel 2 (Recht auf Leben)

Jeder hat das Recht auf Leben, Freiheit und Sicherheit.

Niemand darf der Folter oder unmenschlicher oder erniedrigender Strafe oder Behandlung unterworfen werden.

Artikel 3 (Rechtsgleichheit)

1. Innerhalb des Geltungsbereichs des Gemeinschaftsrechts sind alle Menschen vor dem Recht gleich.

2. Jede Benachteiligung, die insbesondere in der Rasse, der Hautfarbe, im Geschlecht, in Sprache, Religion, in den politischen oder sonstigen Anschauungen, in nationaler oder sozialer Herkunft, in der Zugehörigkeit zu einer nationalen Minderheit, im Vermögen, in der Geburt oder im sonstigen Status begründet ist, ist verboten.

3. Jede Diskriminierung zwischen den europäischen Bürgern aus Gründen der Staatsangehörigkeit ist verboten.

4. Die Gleichheit von Männern und Frauen vor dem Gesetz, insbesondere im Berufsleben, im Bildungswesen, in der Familie, im Bereich des sozialen Schutzes und im Ausbildungswesen, ist zu gewährleisten.

Artikel 4 (Gedankenfreiheit)

Jeder hat das Recht auf Gedanken-, Gewissens- und Religionsfreiheit.

Artikel 5 (Meinungs- und Informationsfreiheit)

1. Jeder hat das Recht auf freie Meinungsäußerung. Dieses Recht schließt die Freiheit der Meinung und die Freiheit zum Empfang und zur Mitteilung von Nachrichten oder Gedanken, insbesondere weltanschaulicher, politischer und religiöser Art, ein.

2. Kunst, Wissenschaft und Forschung sind frei. Die Freiheit der Lehre wird gewahrt.

Artikel 6 (Privatleben)

1. Jeder hat das Recht auf Achtung und Schutz seiner Identität.

---

[1]   ABlEG 1989 Nr. C 120, S. 51 = EuGRZ 1989, 205.

2. Die Achtung der Privatsphäre und des Familienlebens, des Ansehens, der Wohnung und des privaten Post- und Fernmeldeverkehrs wird gewährleistet.

Artikel 7 (Schutz der Familie)

Die Familie genießt rechtlichen, wirtschaftlichen und sozialen Schutz.

Artikel 8 (Freizügigkeit)

1. Die Bürger der Gemeinschaft haben das Recht, sich im Gebiet der Gemeinschaft frei zu bewegen und ihren Wohnsitz zu wählen. Sie können dort die Tätigkeit ihrer Wahl ausüben.

2. Den Bürgern der Gemeinschaft steht es frei, das Gebiet der Gemeinschaft zu verlassen und wieder dorthin zurückzukehren.

3. Die obenerwähnten Rechte dürfen nur durch Bestimmungen eingeschränkt werden, die im Einklang mit den Verträgen zur Gründung der Europäischen Gemeinschaften stehen.

Artikel 9 (Eigentumsrecht)

Das Recht auf Eigentum ist gewährleistet. Niemandem darf sein Eigentum entzogen werden, es sei denn, daß das öffentliche Interesse dies notwendigerweise verlangt, und nur unter den durch Gesetz vorgesehenen Bedingungen und gegen angemessene Entschädigung.

Artikel 10 (Versammlungsfreiheit)

Jeder hat das Recht, an friedlichen Versammlungen und Kundgebungen teilzunehmen.

Artikel 11 (Vereinigungsfreiheit)

1. Jeder hat das Recht, sich frei mit anderen zusammenzuschließen, einschließlich des Rechts, mit anderen politische Parteien und Gewerkschaften zu bilden und diesen beizutreten.

2. Im Privatleben darf von niemandem verlangt werden, seine Zugehörigkeit zu einer Vereinigung bekanntzugeben, sofern die Vereinigung nicht gesetzwidrig ist.

Artikel 12 (Berufsfreiheit)

1. Jeder hat das Recht, seinen Beruf und seinen Arbeitsplatz frei zu wählen und seinen Beruf frei auszuüben.

2. Jeder hat das Recht auf eine angemessene und seinen Fähigkeiten entsprechende Berufsausbildung, die zur Aufnahme einer beruflichen Tätigkeit befähigt.

3. Niemandem darf aus willkürlichen Gründen eine Arbeit verweigert und niemand darf zu einer bestimmten Arbeit gezwungen werden.

Artikel 13 (Arbeitsbedingungen)

1. Jeder hat das Recht auf gerechte Arbeitsbedingungen.

2. Es werden die notwendigen Maßnahmen zum Schutz der Gesundheit und der Sicherheit am Arbeitsplatz und zur Gewährleistung eines Arbeitsentgelts, das ein menschenwürdiges Dasein ermöglicht, getroffen.

Artikel 14 (Kollektive soziale Rechte)

1. Das Recht auf Verhandlungen zwischen den Sozialpartnern wird gewährleistet.

2. Das Recht auf kollektive Maßnahmen, einschließlich des Streikrechts, wird vorbehaltlich etwaiger Verpflichtungen aus geltenden Gesetzen und Tarifverträgen gewährleistet.

3. Die Arbeitnehmer haben das Recht, regelmäßig über die Wirtschafts- und Finanzsituation ihres Unternehmens unterrichtet und zu Beschlüssen, die ihre Interessen berühren können, gehört zu werden.

Artikel 15 (Sozialer Schutz)

1. Jeder hat das Recht auf alle Maßnahmen, die ihm den bestmöglichen Gesundheitszustand gewährleisten.

2. Arbeitnehmer, Selbständige und ihre Familienangehörigen haben das Recht auf soziale Sicherheit oder eine gleichwertige Regelung.

3. Jeder, der nicht über ausreichende Mittel verfügt, hat das Recht auf soziale und medizinische Hilfe.

4. Jeder, der aus von ihm nicht zu verantwortenden Gründen nicht über eine angemessene Wohnung verfügt, hat Anspruch auf entsprechende Unterstützung durch die zuständigen staatlichen Stellen.

Artikel 16 (Recht auf Bildung)

Jeder hat das Recht auf Bildung und Ausbildung gemäß seinen Fähigkeiten.

Die freie Schulwahl ist gewährleistet.

Das Recht der Eltern auf Erziehung der Kinder gemäß ihren religiösen und weltanschaulichen Überzeugungen wird gewährleistet.

Artikel 17 (Grundsatz der Demokratie)

1. Alle öffentliche Gewalt geht vom Volke aus und muß nach rechtsstaatlichen Grundsätzen ausgeübt werden.

2. Jede öffentliche Gewalt muß unmittelbar aus Wahlen hervorgehen oder einem direkt gewählten Parlament gegenüber verantwortlich sein.

3. Die europäischen Bürger haben das Recht, an der allgemeinen, freien, unmittelbaren und geheimen Wahl der Mitglieder des Europäischen Parlaments teilzunehmen.

4. Die europäischen Bürger haben das gleiche aktive und passive Wahlrecht.

5. Die obengenannten Rechte dürfen nur durch Bestimmungen eingeschränkt werden, die im Einklang mit den Verträgen zur Gründung der Europäischen Gemeinschaften stehen.

Artikel 18 (Recht auf Zugang zu Informationen)

Jeder hat das Recht, sich über ihn betreffende Verwaltungsdokumente und Daten zu informieren und ihre Berichtigung zu verlangen.

Artikel 19 (Zugang zum Recht)

1. Jeder, dessen Rechte und Freiheiten verletzt wurden, hat das Recht auf Gewährung eines wirksamen Verfahrens durch einen vom Gesetz bestimmten Richter.

2. Jeder hat das Recht, daß seine Sache in billiger Weise öffentlich und innerhalb einer angemessenen Frist von einem unabhängigen und unparteiischen, auf Gesetz beruhenden Gericht gehört wird.

3. Der Zugang zum Recht ist wirksam und umfaßt die Bereitstellung von Rechtshilfe für diejenigen, die nicht über ausreichende Mittel verfügen, um einen Rechtsbeistand in Anspruch zu nehmen.

Artikel 20 (Ne bis in idem)

Niemand darf wegen einer Handlung, wegen der er bereits freigesprochen oder verurteilt wurde, erneut verfolgt oder verurteilt werden.

Artikel 21 (Rückwirkungsverbot)

Niemand kann für Handlungen oder Unterlassungen zur Rechenschaft gezogen werden, für die am Zeitpunkt ihrer Begehung nach geltendem Recht keine Verantwortlichkeit bestand.

Artikel 22 (Todesstrafe)

Die Todesstrafe ist abgeschafft.

Artikel 23 (Petitionsrecht)

Jeder hat das Recht, sich schriftlich mit Bitten und Beschwerden an das Europäische Parlament zu wenden. Die Modalitäten für die Ausübung dieses Rechts werden vom Europäischen Parlament festgelegt.

Artikel 24 (Umwelt und Verbraucherschutz)

1. Integrierender Bestandteil jeder Gemeinschaftspolitik ist:

   – die Erhaltung, der Schutz und die Verbesserung der Qualität der Umwelt,

   – der Schutz der Verbraucher und der Benutzer vor einer Gefährdung ihrer Gesundheit und Sicherheit sowie gegen unlautere Handelspraktiken.

2. Die Gemeinschaftsorgane sind gehalten, alle notwendigen Maßnahmen zur Verwirklichung dieser Ziele zu ergreifen.

SCHLUSSBESTIMMUNGEN

Artikel 25 (Geltungsbereich)

1. Diese Erklärung schützt alle Personen innerhalb des Geltungsbereichs des Gemeinschaftsrechts.

2. Bei bestimmten Rechten, die Bürgern der Gemeinschaft vorbehalten sind, kann beschlossen werden, sie ganz oder teilweise auf andere Personen auszuweiten.

3. Bürger der Gemeinschaft im Sinne dieser Erklärung ist jeder, der die Staatsangehörigkeit eines der Mitgliedstaaten besitzt.

Artikel 26 (Grenzen)

Die in dieser Erklärung aufgeführten Rechte und Freiheiten dürfen innerhalb der in einer demokratischen Gesellschaft vertretbaren und erforderlichen Grenzen nur durch eine Rechtsvorschrift eingeschränkt werden, in der in jedem Fall der Wesensgehalt der Rechte und Freiheiten unangetastet bleibt.

23. (Schutzniveau)

Keine Bestimmung dieser Erklärung darf als Beschränkung des durch das Gemeinschaftsrecht, das Recht der Mitgliedstaaten das Völkerrecht und die internationalen Verträge und Abkommen über die Grundrechte und Grundfreiheiten gebotenen Schutzes oder als Hindernis für seine Weiterentwicklung ausgelegt werden.

24. (Rechtsmißbrauch)

Keine Bestimmung dieser Erklärung darf so ausgelegt werden, daß sich daraus irgendein Recht ergibt, eine Tätigkeit auszuüben oder eine Handlung vorzunehmen, welche auf die Einschränkung oder Abschaffung der in dieser Erklärung angeführten Rechte und Freiheiten abzielt.

Nr. 2 Europäisches Parlament: Entwurf einer Verfassung der Europäischen Union vom 10. Februar 1994[2]

Titel VIII - Von der Union verbürgte Menschenrechte

1. Recht auf Leben

Jeder hat das Recht auf Leben und auf die Achtung seiner körperlichen Unversehrtheit sowie auf Freiheit und Sicherheit. Niemand darf zum Tode verurteilt oder der Folter bzw. unmenschlichen oder erniedrigenden Strafen oder Behandlungen unterworfen werden.

2. Würde des Menschen

Die Würde des Menschen ist unantastbar: Sie umfaßt insbesondere das Grundrecht der Person auf ausreichende Mittel und Leistungen für sich und ihre Familie.

3. Rechtsgleichheit

a) Alle Menschen sind vor dem Gesetz gleich.

b) Jede Benachteiligung, die in der Rasse, der Hautfarbe, im Geschlecht, in Sprache, Religion, in den politischen oder sonstigen Anschauungen, in nationaler oder sozialer Herkunft, in der Zugehörigkeit zu einer nationalen Minderheit, im Vermögen, in der Geburt oder im sonstigen Status begründet ist, ist verboten.

c) Die Gleichheit von Männern und Frauen ist zu gewährleisten.

4. Gedankenfreiheit

Das Recht auf Gedanken-, Gewissens- und Religionsfreiheit wird gewährleistet.

Das Recht auf Kriegsdienstverweigerung wird gewährleistet; die Ausübung dieses Rechts darf nicht zu Diskriminierungen führen.

5. Meinungs- und Informationsfreiheit

a) Jeder hat das Recht auf freie Meinungsäußerung. Dieses Recht schließt die Freiheit der Meinung und die Freiheit zum Empfang und zur Mitteilung von Nachrichten oder Gedanken ein.

b) Kunst, Wissenschaft und Forschung sind frei.

6. Privatleben

a) Jeder hat das Recht auf Achtung und Schutz seiner Identität.

b) Die Achtung der Privatsphäre und des Familienlebens, des Ansehens, der Wohnung und des Brief-, Post- und Fernmeldegeheimnisses wird gewährleistet.

c) Eine Überwachung von Personen oder Organisationen durch staatliche Behörden kann nur dann vorgenommen werden, wenn sie von einer zuständigen Justizbehörde ordnungsgemäß genehmigt wurde.

7. Schutz der Familie

Jeder hat das Recht, eine Familie zu gründen.

Die Familie genießt rechtlichen, wirtschaftlichen und sozialen Schutz. Darüber hinaus werden Vaterschaft und Mutterschaft sowie die Rechte des Kindes geschützt.

---

[2] ABlEG 1994 Nr. C 61, S. 166.

8. Versammlungsfreiheit

Jeder hat das Recht, friedliche Versammlungen und Kundgebungen zu veranstalten und daran teilzunehmen.

9. Vereinigungsfreiheit

Jeder hat das Recht auf Vereinigungsfreiheit.

10. Eigentumsrecht

Das Recht auf Eigentum ist gewährleistet.

Niemandem darf sein Eigentum entzogen werden, es sei denn, daß das öffentliche Interesse dies notwendigerweise verlangt, und nur unter den durch Gesetz vorgesehenen Bedingungen und gegen angemessene und vorherige Entschädigung.

11. Berufsfreiheit und Arbeitsbedingungen

a) Die Union anerkennt das Recht auf Arbeit: Die Union und ihre Mitgliedstaaten ergreifen die erforderlichen Maßnahmen, um dieses Recht in die Praxis umzusetzen.

b) Jeder hat das Recht, seinen Beruf und seinen Arbeitsplatz frei zu wählen und seinen Beruf frei auszuüben.

c) Niemandem darf aus willkürlichen Gründen eine Arbeit verweigert und niemand darf zu einer bestimmten Arbeit gezwungen werden.

12. Kollektive soziale Rechte

a) Den Arbeitnehmern wird das Recht gewährleistet, gemeinsam die Verteidigung ihrer Rechte zu organisieren, darunter auch das Recht, Gewerkschaften zu gründen.

b) Das Recht auf Verhandlungen zwischen den Sozialpartnern sowie das Recht auf Abschluß von Tarifverträgen auf Unionsebene werden gewährleistet.

c) Das Recht auf kollektive Maßnahmen, einschließlich des Streikrechts, wird gewährleistet.

d) Die Arbeitnehmer haben das Recht, regelmäßig über die Wirtschafts- und Finanzsituation ihres Unternehmens unterrichtet und zu Beschlüssen, die ihre Interessen berühren können, gehört zu werden.

13. Sozialer Schutz

a) Jeder hat das Recht, in den Genuß von Maßnahmen zu kommen, die seine Gesundheit erhalten.

b) Jeder, der nicht über ausreichende Mittel verfügt, hat Anspruch auf soziale und medizinische Hilfe.

c) Arbeitnehmer, Selbständige und ihre anspruchsberechtigten Angehörigen haben das Recht auf soziale Sicherheit oder eine gleichwertige Regelung.

d) Jeder, der aus Gründen, die er nicht zu verantworten hat, nicht über eine menschenwürdige Wohnung verfügt, hat Anspruch auf entsprechende Unterstützung durch die zuständigen staatlichen Stellen.

14. Recht auf Bildung

a) Jeder hat das Recht auf Bildung und Ausbildung gemäß seinen Fähigkeiten.

b) Die Lern- und Lehrfreiheit ist gewährleistet.

c) Das Recht der Eltern auf Erziehung der Kinder gemäß ihren religiösen und weltanschaulichen Überzeugungen wird unter Achtung des Rechts des Kindes auf seine eigene Entwicklung gewährleistet.

15. Recht auf Zugang zu Informationen

Jeder hat das Recht, sich über ihn betreffende Verwaltungsdokumente und sonstige Daten zu informieren und ihre Berichtigung zu verlangen.

16. Politische Parteien

Die Gründung politischer Parteien ist frei. Sie müssen sich an den gemeinsamen demokratischen Grundsätzen der Mitgliedstaaten orientieren.

17. Zugang zum Recht

a) Jeder hat das Recht auf ein ordnungsgemäßes Verfahren durch einen vom Gesetz bestimmten Richter.

b) Jeder hat das Recht, daß seine Sache in billiger Weise öffentlich und innerhalb einer angemessenen Frist von einem unabhängigen und unparteischen, auf Gesetz beruhenden Gericht gehört wird.

c) Der Zugang zum Recht ist gewährleistet. Für diejenigen, die nicht über ausreichende Mittel verfügen, um einen Rechtsbeistand in Anspruch zu nehmen, wird eine Rechtshilfe bereitgestellt.

18. Ne bis in idem

Niemand darf wegen einer Handlung, wegen der er bereits freigesprochen oder verurteilt wurde, erneut verfolgt oder verurteilt werden.

19. Rückwirkungsverbot

Niemand kann für Handlungen oder Unterlassungen zur Rechenschaft gezogen werden, für die zum Zeitpunkt ihrer Begehung nach geltendem Recht keine Verantwortlichkeit bestand.

20. Petitionsrecht

Jeder hat das Recht, sich schriftlich mit Eingaben oder Beschwerden an die staatlichen Behörden zu wenden, die verpflichtet sind, darauf zu antworten.

21. Recht auf Achtung der Umwelt

Jeder hat das Recht auf Schutz und Erhaltung seiner natürlichen Umwelt.

22. Grenzen

Die Achtung der in dieser Verfassung garantierten Rechte und Freiheiten darf nur durch ein Gesetz eingeschränkt werden, das ihren Wesensgehalt innerhalb der für die Erhaltung einer demokratischen Gesellschaft vertretbaren und erforderlichen Grenzen wahrt.

23. Schutzniveau

Keine Bestimmung dieser Verfassung darf als Beschränkung des durch das Recht der Union, das Recht der Mitgliedstaaten und das Völkerrecht gebotenen Schutzes ausgelegt werden.

24. Rechtsmißbrauch

Keine Bestimmung dieser Verfassung darf so ausgelegt werden, daß sich daraus irgendein Recht ergibt, eine Tätigkeit auszuüben oder eine Handlung vorzunehmen, welche auf die Einschränkung oder Abschaffung der in dieser Verfassung angeführten Rechte und Freiheiten abzielt.

Nr. 3 Europäischer Rat: Beschluss zur Erarbeitung einer Charta der Grundrechte der Europäischen Union vom 4. Juni 1999[3]

Die Wahrung der Grundrechte ist ein Gründungsprinzip der Europäischen Union und unerläßliche Voraussetzung für ihre Legitimität. Die Verpflichtung der Union zur Achtung der Grundrechte hat der Europäische Gerichtshof in seiner Rechtsprechung bestätigt und ausgeformt. Im gegenwärtigen Entwicklungsstand der Union ist es erforderlich, eine Charta dieser Rechte zu erstellen, um die überragende Bedeutung der Grundrechte und ihre Tragweite für die Unionsbürger sichtbar zu verankern. Nach Auffassung des Europäischen Rates soll diese Charta die Freiheits- und Gleichheitsrechte sowie die Verfahrensgrundrechte umfassen, wie sie in der Europäischen Konvention zum Schutz der Menschenrechte und Grundfreiheiten gewährleistet sind und wie sie sich aus den gemeinsamen Verfassungsüberlieferungen der Mitgliedstaaten als allgemeine Grundsätze des Gemeinschaftsrechts ergeben. Die Charta soll weiterhin die Grundrechte enthalten, die nur den Unionsbürgern zustehen. Bei der Ausarbeitung der Charta sind ferner wirtschaftliche und soziale Rechte zu berücksichtigen, wie sie in der Europäischen Sozialcharta und in der Gemeinschaftscharta der sozialen Grundrechte der Arbeitnehmer enthalten sind (Artikel 136 EGV), soweit sie nicht nur Ziele für das Handeln der Union begründen.

Der Europäische Rat ist der Auffassung, daß ein Entwurf einer solchen Charta der Grundrechte der Europäischen Union von einem Gremium ausgearbeitet werden sollte, das aus Beauftragten der Staats- und Regierungschefs und des Präsidenten der Europäischen Kommission sowie Mitgliedern des Europäischen Parlaments und der nationalen Parlamente besteht. Vertreter des Europäischen Gerichtshofs sollten als Beobachter teilnehmen. Vertreter des Wirtschafts- und Sozialausschusses, des Ausschusses der Regionen und gesellschaftlicher Gruppen sowie Sachverständige sollten angehört werden. Das Sekretariat soll vom Generalsekretariat des Rates wahrgenommen werden.

Dieses Gremium soll rechtzeitig vor dem Europäischen Rat im Dezember 2000 einen Entwurf vorlegen. Der Europäische Rat wird dem Europäischen Parlament und der Kommission vorschlagen, gemeinsam mit dem Rat eine Charta der Grundrechte der Europäischen Union auf der Grundlage des Entwurfs feierlich zu proklamieren. Danach wird zu prüfen sein, ob und gegebenenfalls auf welche Weise die Charta in die Verträge aufgenommen werden sollte. Der Europäische Rat beauftragt den Allgemeinen Rat, bis zum Europäischen Rat in Tampere die erforderlichen Schritte einzuleiten.

Nr. 4 Europäischer Rat: Beschluß zu Zusammensetzung und Arbeitsverfahren des Gremiums zur Ausarbeitung des Entwurfs einer EU-Charta der Grundrechte vom 15./16. Oktober 1999[4]

A. ZUSAMMENSETZUNG DES GREMIUMS

i) Mitglieder

a) Staats- und Regierungschefs der Mitgliedstaaten

Fünfzehn Beauftragte der Staats- und Regierungschefs der Mitgliedstaaten.

---

[3] Bull. EU 1999, Nr. 6, S. 39 = EuGRZ 1999, 364.

[4] Bull. EU 1999, Nr. 10, S. 15 = EuGRZ 1999, 615.

b) Kommission

Ein Beauftragter des Präsidenten der Europäischen Kommission.

c) Europäisches Parlament

Sechzehn Mitglieder des Europäischen Parlaments, die von diesem benannt werden.

d) Nationale Parlamente

Dreißig Mitglieder der nationalen Parlamente (zwei aus jedem Mitgliedstaat), die von den nationalen Parlamenten benannt werden.

Die Mitglieder des Gremiums können sich im Verhinderungsfalle bei den Sitzungen des Gremiums durch Stellvertreter vertreten lassen.

ii) Vorsitzender und stellvertretende Vorsitzende des Gremiums

Der Vorsitzende des Gremiums wird vom Gremium gewählt. Ein Mitglied des Europäischen Parlaments, ein Mitglied eines nationalen Parlaments und der Beauftragte des Präsidenten des Europäischen Rates, sofern er nicht zum Vorsitzenden gewählt wird, fungieren als stellvertretende Vorsitzende des Gremiums.

Das als stellvertretender Vorsitzender des Gremiums fungierende Mitglied des Europäischen Parlaments wird von den dem Gremium angehörenden Mitgliedern des Europäischen Parlaments gewählt. Das als stellvertretender Vorsitzender des Gremiums fungierende Mitglied eines nationalen Parlaments wird von den dem Gremium angehörenden Mitgliedern der nationalen Parlamente gewählt.

iii) Beobachter

Zwei Vertreter des Gerichtshofs der Europäischen Gemeinschaften, die von diesem benannt werden.

Zwei Vertreter des Europarates, darunter einer des Europäischen Gerichtshofs für Menschenrechte.

iv) Zu hörende Einrichtungen der Europäischen Union

Wirtschafts- und Sozialausschuß

Ausschuß der Regionen

Europäischer Bürgerbeauftragter

v) Gedankenaustausch mit den Beitrittsländern

Zwischen dem Gremium oder dem Vorsitzenden und den Beitrittsländern sollte ein angemessener Gedankenaustausch stattfinden.

vi) Sonstige zu hörende Gremien, gesellschaftliche Gruppen oder Sachverständige

Das Gremium kann sonstige Gremien, gesellschaftliche Gruppen oder Sachverständige hören.

vii) Sekretariat

Die Sekretariatsgeschäfte werden vom Generalsekretariat des Rates wahrgenommen. Um für eine reibungslose Koordinierung zu sorgen, werden enge Kontakte zum Generalsekretariat des Europäischen Parlaments, zur Kommission und, soweit erforderlich, zu den Sekretariaten der nationalen Parlamente hergestellt.

B. ARBEITSVERFAHREN DES GREMIUMS

i) Vorarbeiten

Der Vorsitzende des Gremiums schlägt in engem Benehmen mit den stellvertretenden Vorsitzenden einen Arbeitsplan für das Gremium vor und führt andere sachdienliche Vorarbeiten durch.

ii) Transparenz der Beratungen

Grundsätzlich sollten die Sitzungen des Gremiums und die in diesen Sitzungen unterbreiteten Dokumente der Öffentlichkeit zugänglich sein.

iii) Arbeitsgruppen

Das Gremium kann Ad-hoc-Arbeitsgruppen einsetzen, die allen Mitgliedern des Gremiums offenstehen.

iv) Redaktionelle Arbeiten

Anhand des von dem Gremium vereinbarten Arbeitsplans erstellt ein aus dem Vorsitzenden, den stellvertretenden Vorsitzenden und dem Vertreter der Kommission zusammengesetzter Redaktionsausschuß, der vom Generalsekretariat des Rates unterstützt wird, unter Berücksichtigung der von den Mitgliedern des Gremiums unterbreiteten Formulierungsvorschläge einen ersten Entwurf der Charta.

Jeder der drei stellvertretenden Vorsitzenden setzt sich regelmäßig mit der entsprechenden Gruppierung des Gremiums, der er angehört, ins Benehmen.

v) Ausarbeitung des Charta-Entwurfs durch das Gremium

Gelangt der Vorsitzende in engem Benehmen mit den stellvertretenden Vorsitzenden zu der Auffassung, daß der von dem Gremium ausgearbeitete Charta-Entwurf für alle Seiten zustimmungsfähig ist, wird der Entwurf dem Europäischen Rat im Wege des üblichen Vorbereitungsverfahrens zugeleitet.

C. PRAKTISCHE VORKEHRUNGEN

Das Gremium hält seine Sitzungen in Brüssel ab, und zwar abwechselnd im Ratsgebäude und im Gebäude des Europäischen Parlaments.

Bei den Sitzungen des Gremiums gilt die Vollsprachenregelung.

Nr. 5   Entschließung des Europäischen Parlaments zur Erarbeitung einer Charta der Grundrechte der Europäischen Union vom 16. März 2000[5]

Das Europäische Parlament,

– in Kenntnis des Beschlusses des Europäischen Rates zur Erarbeitung einer Charta der Grundrechte der Europäischen Union (C5–0058/99),

– unter Hinweis auf seine Stellung als Vertreter der Völker der Europäischen Union,

– unter Hinweis darauf, daß die Union den "Schutz der Rechte und Interessen der Angehörigen ihrer Mitgliedstaaten durch Einführung einer Unionsbürgerschaft" stärken soll (Artikel 2 VEU),

– unter Hinweis auf die Achtung der Grundrechte durch die Union, "wie sie sich aus den gemeinsamen Verfassungsüberlieferungen der Mitgliedstaaten als allgemeine Grundsätze des Gemeinschaftsrechts ergeben" (Artikel 6 VEU),

---

[5]   C5-0058/99 - 1999/2064(COS).

– unter Hinweis auf die Präambel der Charta der Vereinten Nationen und die von der Vollversammlung der VN in ihrer Resolution 217 A III am 10. Dezember 1948 in Paris angenommene Allgemeine Erklärung der Menschenrechte,

– unter Hinweis auf seine zahlreichen Initiativen zu den Grund- und Bürgerrechten, insbesondere auf seine Entschließung vom 12. April 1989 zur Erklärung der Grundrechte und Grundfreiheiten[6],

– unter Hinweis auf seine Initiativen zu einer Verfassung der Europäischen Union, insbesondere auf seine Entschließungen vom 12. Dezember 1990 zu den verfassungsmäßigen Grundlagen der Europäischen Union[7] und vom 10. Februar 1994 zur Verfassung der Europäischen Union[8],

– unter Hinweis auf die Schlußfolgerungen des Europäischen Rates von Köln und des Europäischen Rates von Tampere,

– unter Hinweis auf seine Entschließung vom 16. September 1999 zur Ausarbeitung der Charta der Grundrechte[9],

– unter Hinweis auf seine Entschließung vom 27. Oktober 1999 zum Europäischen Rat von Tampere[10],

– unter Hinweis auf die herausragende Bedeutung der kommenden Erweiterung der Union und der Regierungskonferenz,

– in Kenntnis der Konstituierung des Konvents zur Ausarbeitung einer Charta der Grundrechte der Europäischen Union am 17. Dezember 1999 in Brüssel,

– gestützt auf Artikel 47 Absatz 1 seiner Geschäftsordnung,

– in Kenntnis des Berichts des Ausschusses für konstitutionelle Fragen sowie der Stellungnahmen des Ausschusses für auswärtige Angelegenheiten, Menschenrechte, gemeinsame Sicherheit und Verteidigungspolitik, des Ausschusses für die Freiheiten und Rechte der Bürger, Justiz und innere Angelegenheiten, des Ausschusses für Recht und Binnenmarkt, des Ausschusses für die Rechte der Frau und Chancengleichheit, des Petitionsausschusses und des Ausschusses für Beschäftigung und soziale Angelegenheiten (A5-0064/00),

A. in der Erwägung, daß die Union "auf den Grundsätzen der Freiheit, der Demokratie, der Achtung der Menschenrechte und Grundfreiheiten sowie der Rechtsstaatlichkeit" beruht (Artikel 6 VEU),

B. in der Erwägung, daß die "Verwirklichung einer immer engeren Union der Völker Europas" (Artikel 1 VEU) und "die Erhaltung und Weiterentwicklung der Union als Raum der Freiheit, der Sicherheit und des Rechts" (Artikel 2 VEU) sich auf die allgemeine und uneingeschränkte Achtung der unteilbaren, für alle gleichen und unantastbaren Würde des Menschen gründet,

C. in der Erwägung, daß die Union die Grundrechte achten muß, "wie sie in der am 4. November 1950 in Rom unterzeichneten Europäischen Konvention zum Schutze der Menschenrechte und Grundfreiheiten gewährleistet sind und wie sie sich aus den gemeinsamen Verfassungsüberliefe-

---

[6] ABlEG 1989 Nr. C 120, S. 51.

[7] ABlEG 1991 Nr. C 19, S. 65.

[8] ABlEG 1994 Nr. C 61, S. 155.

[9] ABlEG 2000 Nr. C 54, S. 93.

[10] Angenommene Texte Punkt 15.

rungen der Mitgliedstaaten als allgemeine Grundsätze des Gemeinschaftsrechts ergeben" (Artikel 6 VEU),

D. in der Erwägung, daß einige spezifische Rechte in den Verträgen bereits verankert sind,

E. in der Erwägung, daß die aus der Anerkennung der Würde des Menschen zwingend hervorgehenden grundlegenden Freiheiten und Rechte eines umfassenden tatsächlichen Rechtschutzes und wirksamer Rechtsgarantien bedürfen,

F. in der Erwägung, daß der Primat des Rechts der Union und die bedeutenden Befugnisse ihrer Organe gegenüber Einzelpersonen es notwendig machen, den Schutz der Grundrechte auf der Ebene der Europäischen Union zu verstärken,

G. in der Erwägung, daß die Weiterentwicklung der Zuständigkeiten der Union und der Europäischen Gemeinschaft besonders im sensiblen Bereich der inneren Sicherheit angesichts der eingeschränkten parlamentarischen und gerichtlichen Kontrollen in diesem Bereich die Dringlichkeit einer europäischen Grundrechtscharta offenkundig machen,

H. in der Erwägung, daß darauf zu achten ist, daß die Entwicklung der Union nicht zu einem Ungleichgewicht zwischen dem Ziel der Sicherheit und den Prinzipien der Freiheit und des Rechts führen darf,

I. in der Erwägung, daß sowohl im Rahmen des Unionsvertrags als auch des Gemeinschaftsrechts Einschränkungen der Grundrechte ohne parlamentarische Billigung vorgenommen werden können, obwohl dies im Gegensatz zu den gemeinsamen Verfassungstraditionen der Mitgliedstaaten steht,

J. in der Erwägung, daß auch für den Fall zulässiger Einschränkungen von Grundrechten deren Wesensgehalt in keinem Fall angetastet werden darf,

K. in der Erwägung, daß die wirtschaftliche Seite der europäischen Integration künftig durch eine echte demokratische und soziale politische Union ergänzt werden muß,

L. in der Erwägung, daß die sozialen Grundrechte auf der Ebene der Europäischen Union verstärkt und entwickelt werden sollten,

M. in der Erwägung, daß die gemeinsame Außen- und Sicherheitspolitik der Union, zukünftig einschließlich Verteidigung, in Übereinstimmung mit den Grundrechten entwickelt werden muß,

N. in der Erwägung, daß durch Entwicklungen wie z. B. in der Biotechnik oder in der Informationstechnologie neue Grundrechtskonflikte entstehen können und daß ein europäischer Grundrechtskonsens ein wichtiger Beitrag zur globalen Lösung des Problems ist,

O. in der Erwägung, daß es schwerwiegende Hinweise auf das Ansteigen von Rassismus und Xenophobie gibt,

P. in der Erwägung, daß es wichtig ist, daß die Europäische Union und die Mitgliedstaaten - unbeschadet der Wahrung der Rolle der einzelnen nationalen Sprachen - für den Schutz der Vielfalt der Sprachen und Kulturen Europas, namentlich der Regional- und Minderheitensprachen und -kulturen, sorgen und zu diesem Zweck den Bürgern der Union durch angemessene Unterstützung die Gewähr bieten, daß sie ihre eigenen Sprachen und Kulturen sowohl im öffentlichen als auch im privaten Bereich erhalten und weiterentwickeln können,

Q. in der Erwägung, daß das Menschenrecht auf Asyl gemäß den Bestimmungen der Genfer Flüchtlingskonvention gewahrt bleiben muß,

R. in der Erwägung, daß eine Charta der Grundrechte der Europäischen Union wie ja auch die bestehenden Grundrechtsordnungen der Mitgliedstaaten in keiner Weise eine Konkurrenz zur Europäischen Menschenrechtskonvention darstellen sollten,

S. in der Erwägung, daß der Beitritt der Union zur Europäischen Menschenrechtskonvention nach den dazu erforderlichen Änderungen im Vertrag über die Europäische Union einen wesentlichen Schritt zur Vertiefung des Grundrechtsschutzes in der Union bedeuten würde,

T. in der Erwägung, daß die Verwirklichung einer immer engeren Union der Völker Europas untrennbar mit der Aufgabe verbunden ist, neben den Grundrechten auch die Bürgerrechte, also die politischen, wirtschaftlichen und sozialen Rechte, die mit der Unionsbürgerschaft verbunden sind, auszubauen,

U. in der Erwägung, daß eine Charta der Grundrechte, die nur eine unverbindliche Proklamation darstellte und sich überdies auf eine bloße Aufzählung bestehender Rechte beschränkte, die berechtigten Erwartungen der Menschen enttäuschen würde,

V. in der Erwägung, daß die Charta der Grundrechte als Grundbestandteil in dem notwendigen Prozeß betrachtet werden muß, die Europäische Union mit einer Verfassung auszustatten,

1. begrüßt die Erarbeitung einer Charta der Grundrechte der Europäischen Union, die zur Festlegung eines kollektiven Bestands an Werten und Grundsätzen und eines gemeinsamen Systems von Grundrechten beitragen wird, in dem sich die Bürger wiederfinden werden und an dem sich die Politiken der Union nach innen und gegenüber Drittstaaten ausrichten; begrüßt die dabei seit dem Europäischen Rat von Tampere gemachten Fortschritte, insbesondere die erfolgte Konstituierung des aus Vertretern der Staats- und Regierungschefs, des Europäischen Parlaments, der Parlamente der Mitgliedstaaten und der Kommission gemeinsam gebildeten Konvents;

2. stellt fest, daß durch die Festlegung eines verbindlichen europäischen Grundrechtekatalogs dem europäischen Integrationswerk ein stärkeres rechtsethisches Fundament gegeben, die gemeinsame rechtsstaatliche Basis verdeutlicht und zu mehr Transparenz und Klarheit für den Bürger beigetragen werden kann;

3. bietet für die Erarbeitung der Charta der Grundrechte der Europäischen Union seine volle Unterstützung und seine umfassende Mitwirkung an;

4. stellt fest, daß die Anerkennung und Ausformung von Grund- und Bürgerrechten eine originäre Aufgabe der Parlamente ist;

5. beauftragt seine Delegation im Konvent zur Erarbeitung der Charta, die Forderungen dieser Entschließung nachdrücklich zu vertreten;

6. beabsichtigt, über die Annahme der Charta zur gegebenen Zeit durch Abstimmung des Plenums zu entscheiden, und erachtet für tunlich, seine Ziele in bezug auf die Charta der Grundrechte im voraus, wie nachstehend ausgeführt, festzulegen;

7. stellt klar, daß es seine endgültige Zustimmung zu einer Charta der Grundrechte in hohem Maße davon abhängig macht, daß die Charta

a) durch Aufnahme in den Vertrag über die Europäische Union volle Rechtsverbindlichkeit erhält,

b) bei jeder Änderung dem gleichen Verfahren unterliegt wie der ursprüngliche Entwurf, einschließlich des förmlichen Rechts auf Zustimmung seitens des Europäischen Parlaments,

c) eine Klausel umfaßt, die für alle Eingriffe gleichgültig welcher Art in die Grundrechte die Zustimmung des Europäischen Parlaments vorsieht;

d) eine Klausel enthält, in der niedergelegt ist, daß keine ihrer Bestimmungen gemessen an dem von Artikel 6 Absatz 2 des Vertrags über die Europäische Union gewährten Schutz restriktiv ausgelegt werden darf,

e) bestimmte grundlegende Rechte enthält wie das Recht der freien Vereinigung in Gewerkschaften und das Streikrecht;

f) die Unteilbarkeit der Grundrechte anerkennt, indem der Geltungsbereich der Charta sämtliche Organe und Institutionen der Europäischen Union und alle ihre Politiken einschließlich des zweiten und dritten Pfeilers im Rahmen der ihr von den Verträgen übertragenen Befugnisse und Funktionen umfaßt,

g) die Mitgliedstaaten bei der Anwendung oder Umsetzung von Vorschriften des Gemeinschaftsrecht verpflichtet,

h) einen innovativen Charakter erhält, indem sie den Menschen in der Europäischen Union auch
gegenüber neuen Grundrechtsbedrohungen, wie etwa im Bereich der Informations- und Biotech-
nologien, Rechtsschutz einräumt und als integralen Bestandteil der Grundrechte insbesondere die
Rechte der Frau, die allgemeine Nichtdiskriminierungsklausel und den Schutz der Umwelt bekräftigt;

8. beschließt, ein wissenschaftliches Kolloquium abzuhalten, das darauf abzielt, das Parlament zu
beraten und öffentliche Anhörungen von Vertretern der Zivilgesellschaft durchzuführen;

9. wird Initiativen für eine umfassende gesellschaftliche Debatte in den Mitgliedstaaten unter Einbeziehung der Sozialpartner, der NRO und anderer Vertreter der bürgerlichen Gesellschaft nachdrücklich unterstützen;

10. wünscht die Anerkennung des Beitrags, den Organisationen der Zivilgesellschaft zur Ausarbeitung der Charta leisten können;

11. schlägt vor, den beitrittswilligen Staaten einen Beobachterstatus im Konvent zur Erarbeitung
der Charta einzuräumen und mit ihnen im Rahmen der Europakonferenz in einen kontinuierlichen
Meinungsaustausch einzutreten;

12. betont, daß die Charta die Grundrechtsordnungen der Mitgliedsstaaten nicht ersetzen oder ab-
schwächen darf,

13. unterstützt die Übereinkunft des Konvents, die Charta unter der Annahme zu erarbeiten, daß sie
volle Rechtskraft erhält;

14. unterstreicht die Notwendigkeit, in die Charta neben den Rechten, die schon im Vertrag über
die Europäische Union verankert sind, die auf die Union anwendbaren Normen der völkerrechtli-
chen Konventionen aufzunehmen, die von den Mitgliedstaaten im Rahmen der Vereinten Nationen,
des Europarats, der Internationalen Arbeitsorganisation und der Organisation für Sicherheit und
Zusammenarbeit in Europa unterzeichnet wurden;

15. fordert die Regierungskonferenz auf,

a) die Aufnahme der Charta der Grundrechte in den Vertrag unter Berücksichtigung der wesentlichen Rolle, die ihr im Hinblick auf die Verwirklichung einer immer engeren Union der Völker
Europas zukommt, in ihre Tagesordnung aufzunehmen,

b) zu ermöglichen, daß die Union der Europäischen Menschenrechtskonvention beitritt, um eine
enge Zusammenarbeit mit dem Europarat herzustellen, wobei dafür zu sorgen ist, daß durch angemessene Mittel mögliche Konflikte oder Überschneidungen zwischen dem Gerichtshof der Europäischen Gemeinschaften und dem Europäischen Gerichtshof für Menschenrechte vermieden werden;

c) der Bezugnahme auf die Europäische Konvention zum Schutz der Menschenrechte und Grundfreiheiten in Artikel 6 des EU-Vertrags den Hinweis auf die Europäische Sozialcharta und die
grundlegenden Übereinkommen der Internationalen Arbeitsorganisation und der Organisation der
Vereinten Nationen hinzuzufügen;

d) allen Personen unter dem Schutz der Charta Zugang zum Gerichtshof der Europäischen Gemeinschaften zu gewähren, indem die bestehenden Mechanismen für die gerichtliche Überwachung
ergänzt werden;

16. beauftragt seine Präsidentin, diese Entschließung dem Konvent für die Erarbeitung einer Charta
der Grundrechte der Europäischen Union, der Regierungskonferenz, dem Rat, den Parlamenten der
Mitgliedstaaten, der Kommission und dem Gerichtshof sowie dem Europäischen Gerichtshof für
Menschenrechte zu übermitteln.

Nr. 6 Entschließung des Bundesrates zur Charta der Grundrechte der Europäischen Union vom 17. März 2000[11]

1. Der Bundesrat begrüßt die Initiative des Europäischen Rates von Köln im Juni 1999, durch ein zu diesem Zweck einzurichtendes Gremium eine Charta der Grundrechte der Europäischen Union erarbeiten zu lassen. Er würdigt die unmittelbar nach der Beschlussfassung des Europäischen Rates von der Bundesregierung eingeleitete Beteiligung der Länder an den Vorbereitungsarbeiten. Durch die Teilnahme von Vertretern der Ländern im Europäischen Grundrechtegremium, das am 17.12.1999 seine Arbeit aufgenommen hat, werden auch die Erfahrungen und Auffassungen der Länder in die Grundrechtearbeit auf europäischer Ebene einfließen können.

2. Grundrechte stellen die Personen und deren zu schützenden Lebensbereich, insbesondere politischer, wirtschaftlicher, sozialer und kultureller Art, in den Mittelpunkt. Mit einer Charta der Grundrechte bekennen sich die Mitgliedstaaten und die beteiligten Organe und Institutionen der Europäischen Union dazu, den europäischen Einigungsprozess auch weiterhin zum Wohle und im Interesse der Bürger zu gestalten und jedes Handeln der Europäischen Union an diesem Wertfundament zu messen. Eine in sich geschlossene und verständliche Darstellung der europäischen Grundrechte ist daher ein wichtiger Schritt zu einem wirklichen Europa der Bürger.

3. Grundrechte sind Ausdruck grundlegender gemeinsamer Werte- und Rechtsüberzeugungen innerhalb der Europäischen Union. Eine Grundrechtecharta trägt zur weiteren Identitätsbildung der Europäischen Union bei und vermittelt eine klare Orientierung für Beitrittskandidaten.

4. Grundrechte der Europäischen Union sollen zuerst ihre eigenen Organe und Institutionen binden. Bei der Umsetzung und Durchführung der gemeinschaftsrechtlichen Regelungen haben aber auch die Mitgliedstaaten und ihre Gliederungen die Erfordernisse des Grundrechtsschutzes in der Gemeinschaftsrechtsordnung zu berücksichtigen. Eine Charta der Grundrechte der Europäischen Union ist geeignet, innerhalb ihres Anwendungsbereichs das einheitliche Verständnis der Grundrechte im Gemeinschaftsrecht zu fördern.

5. Der Bundesrat unterstreicht die ungeschmälerte Wirkung und Bedeutung der in den nationalen Verfassungen verbrieften Grundrechte. Eine Charta soll nicht einer Harmonisierung der in den Mitgliedstaaten und in den Ländern und Regionen geltenden Grundrechte dienen. Die Europäische Union muss auch in Zukunft die Bedeutung und Traditionen nationaler und internationaler Verbriefungen von Grundrechten mit ihren Besonderheiten achten und respektieren. Insbesondere die Bindung der Mitgliedstaaten an die Europäische Menschenrechtskonvention und der Rechtsweg zum Europäischen Gerichtshof für Menschenrechte müssen unberührt bleiben.

Die Europäische Grundrechtecharta wird unmittelbare rechtliche Wirkung erst mit einer späteren förmlichen Einbeziehung in das Vertragswerk nach dem Verfahren des Artikels 48 EU-Vertrag erhalten. Die vorgesehene feierliche Erklärung Ende 2000 ist ein förderlicher Schritt hierzu. Die inhaltlichen Beratungen müssen sich deshalb von Anfang an mit allen rechtlichen Auswirkungen einer Charta der Grundrechte der Europäischen Union befassen. Der Bundesrat bekräftigt, dass mit Blick auf die angestrebte Interpretation der Charta in das Vertragswerk nur solche Inhalte aufgenommen werden dürfen, die später auch bindende Wirkung entfalten können. Aus diesem Grund darf es keine Aufnahme von politischen Handlungszielen in die Charta geben.

7. Eine Charta der Grundrechte verstärkt die rechtsstaatliche Bindung und Begrenzung der Ausübung öffentlicher Gewalt in der Europäischen Union. Der Bundesrat betont, dass mit der Ausformulierung einer europäischen Grundrechtecharta das in Artikel 5 EU-Vertrag und Artikel 5 Abs. 1 EG-Vertrag verankerte Prinzip der begrenzten Einzelermächtigung unangetastet bleiben muss. Die

---

[11] BR-Drucksache 47/00 (Beschluss) vom 17. März 2000

Aufnahme einer Charta der Grundrechte in das Gemeinschaftsrecht darf nicht den bestehenden Anwendungsbereich des Gemeinschaftsrechts erweitern. Bei der Gestaltung und Ausformulierung der einzelnen Rechte ist daher strikt darauf zu achten, dass ihnen nicht neue Handlungsermächtigungen für Organe und Institutionen der Europäischen Union zu entnehmen sind.

8. Der Bundesrat verbindet mit der auszuarbeitenden Charta der Grundrechte der Europäischen Union die vorstehenden Eckwerte, die entsprechend dem Arbeitsfortschritt im Grundrechtegremium unter Beteiligung aller betroffenen Fachpolitikbereiche weiterentwickelt und konkretisiert werden sollten.

Nr. 7 Deutscher Bundestag

a) Antrag der SPD-Fraktion und der Fraktion Bündnis 90/Die Grünen: Charta der Grundrechte der Europäischen Union vom 16. Mai 2000[12]

Antrag

der Abgeordneten Prof. Dr. Jürgen Meyer (Ulm), Joachim Poß, Günter Gloser, Hermann Bachmaier, Dr. Hans-Peter Bartels, Wolfgang Behrendt, Hans-Werner Bertl, Rudolf Bindig, Anni Brandt-Elsweier, Bernhard Brinkmann, Hans Büttner, Marion Caspers-Merk, Dieter Dzewas, Gernot Erler, Rainer Fornahl, Hans Forster, Lilo Friedrich, Arne Fuhrmann, Renate Gradistanac, Angelika Graf, Hans-Joachim Hacker, Christel Hanewinckel, Alfred Hartenbach, Rolf Hempelmann, Monika Heubaum, Gerd Höfer, Christel Humme, Lothar Ibrügger, Karin Kortmann, Anette Kramme, Helga Kühn-Mengel, Christine Lambrecht, Detlev von Larcher, Christine Lehder, Christa Lörcher, Winfried Mante, Dirk Manzewski, Heide Mattischeck, Markus Meckel, Volker Neumann, Dietmar Nietan, Günter Oesinghaus, Eckhard Ohl, Holger Ortel, Karin Rehbock-Zureich, Margot von Renesse, Gudrun Roos, Michael Roth, Hermann Scheer, Dieter Schloten, Ottmar Schreiner, Richard Schuhmann, Reinhard Schultz, Dr. Werner Schuster, Erika Simm, Rolf Stöckel, Joachim Stünker, Hedi Wegener, Gert Weisskirchen, Hildegard Wester, Ly dia Westrich, Dr. Norbert Wieczorek, Wolfgang Wodarg, Hanna Wolf, Peter Struck und der Fraktion der SPD, der Abgeordneten Christian Sterzing, Volker Beck (Köln), Rita Grießhaber, Ulrike Höfken, Dr. Helmut Lippelt, Claudia Roth, Irmingard Schewe-Gerigk, Kerstin Müller, Rezzo Schlauch und der Fraktion Bündnis 90/ Die Grünen

Charta der Grundrechte der Europäischen Union

Der Bundestag wolle beschließen:

Der Deutsche Bundestag stellt fest:

Mit dem Kölner Beschluss des Europäischen Rates vom 3./4. Juni 1999 hat die Bundesregierung das Projekt zur Erarbeitung einer Europäischen Grundrechtecharta (GRC) maßgeblich vorangebracht.

Gemäß dem Kölner Auftrag soll die GRC "die überragende Bedeutung der Grundrechte und ihre Tragweite für die Unionsbürger sichtbar ... verankern". Hierzu sollen neben den Freiheits- und

---

[12] BT-16. Mai 2000 14/3387 vom 16. Mai 2000.

Gleichheitsrechten, wie sie in der Europäischen Menschenrechtskonvention (EMRK) enthalten sind, auch solche Rechte aufgenommen werden, wie sie sich aus den gemeinsamen Verfassungsüberlieferungen der Mitgliedstaaten ergeben und wie sie in der Europäischen Sozialcharta und in der Gemeinschaftscharta der sozialen Grundrechte der Arbeitnehmer enthalten sind, soweit sie nicht nur Ziele für das Handeln der Europäischen Union begründen.

Mit dem Konvent als Gremium zur Erarbeitung des Entwurfs der Grundrechtecharta wurde erstmals eine europäische Einrichtung ins Leben gerufen, in der Abgeordnete aus dem Europaparlament und den nationalen Parlamenten der EU-Mitgliedstaaten die Mehrheit bilden. Damit wurde ein Modell geschaffen, dessen demokratische Zusammensetzung und transparente Arbeitsweise für die Weiterentwicklung europäischen Vertragsrechts als Vorbild dienen könnte. Der Bundestag begrüßt insbesondere auch die Partizipationsmöglichkeiten, die zivilgesellschaftlichen Organisationen bei der Erarbeitung der GRC geboten werden.

Die spezifisch deutschen Erfahrungen mit der Weimarer Reichsverfassung, die zwar umfangreiche, aber nicht einklagbare Grundrechte enthielt, lehrt, dass eine unverbindliche GRC kaum identitätsstiftend für die Bürgerinnen und Bürger der Europäischen Union wirken kann. Deshalb muss die Charta rechtsverbindlich ausgestaltet und ein individuelles Klagerecht vorgesehen werden.

Da die Mitgliedstaaten zunehmend Kompetenzen an die Europäische Union abgeben, gleichzeitig die Organe der Union aber nicht durch das Kontrollsystem der EMRK erfasst werden, ist die paradoxe Situation entstanden, dass Unionsbürgerinnen und -bürger, die von Maßnahmen der EU betroffen sind, über einen schwächeren internationalen Rechtschutz verfügen als diejenigen, deren Länder Mitglied im Europarat, nicht aber der EU sind. Denn die EU-Organe unterliegen nicht der Jurisdiktion des Europäischen Gerichtshofs für Menschenrechte. Insofern muss geprüft werden, wie die Charta mit ihrem wesentlichen Inhalt Aufnahme in die Europäischen Verträge finden kann. Zusätzlich sollte eine Initiative unternommen werden, dass die EU der EMRK beitritt.

Die in den vergangenen Jahren erzielten Integrationsfortschritte der EU auf dem Weg von einer Wirtschaftsgemeinschaft zu einer Politischen Union bedürfen der Flankierung durch einen effektiven Grundrechtsschutz in allen Bereichen des EU-Vertrages. Die GRC soll deshalb Kompetenzen der EU nicht erweitern, sondern vielmehr einen durch Grundrechte definierten Rahmen abstecken.

Mit einer rechtsverbindlichen Grundrechtecharta, die den Herausforderungen des 21. Jahrhunderts gerecht wird, könnte der Europäischen Union ein gemeinsames identitätsstiftendes Wertefundament gegeben werden. Die Spannungen zwischen den unterschiedlichen menschen- und bürgerrechtlichen Traditionen müssen positiv genutzt werden. Im Interesse der Förderung des europäischen Integrationsprozesses ist es wichtig, anstelle eines allgemeinen unverbindlichen Minimalkonsenses fortschrittliche nationale und europäische Grundrechtsvorstellungen zu verankern.

Nicht zuletzt bietet die Arbeit an der Charta die Chance, bereits in der Rechtsprechung anerkannte und in einzelnen neueren Verfassungen enthaltene moderne Grundrechte zu kodifizieren. So ist ein Recht auf Auskunft über amtliche Daten in die Charta ebenso aufzunehmen, wie Regelungsbedarf wegen der revolutionären Entwicklungen auf dem Gebiet der Biomedizin besteht.

Es ist an der Zeit, die immer wieder beschworene Unteilbarkeit und Universalität der Menschenrechte auch dadurch zu dokumentieren, dass, dem Auftrag von Köln entsprechend, die wirtschaftlichen und sozialen Grundrechte Eingang in die Charta finden. Europa als Wertegemeinschaft muss nicht nur Freiheits- und Gleichheitsrechte absichern, sondern auch Sorge dafür tragen, dass die Menschen auch in schwieriger Lage gemäß ihren Fähigkeiten aktiver Teil der europäischen Bürgergesellschaft sein können. Aus diesem Grund muss neben Zielbestimmungen, die das unbestreitbare Wertegerüst der Union formulieren, in Anlehnung an Art. 1 GG ein Grundrecht auf Gewährleistung der Mindestvoraussetzungen für ein menschenwürdiges Dasein Eingang in die Charta finden. Hierzu gehören individuelle Rechte wie u.a. das Recht auf Bildung, Gesundheit und Soziale

Sicherheit und übergreifende Prinzipien wie z.B. gender mainstreaming. Ebenso ist das Recht auf Koalitionsfreiheit einschließlich der transnationalen Koalitionsfreiheit in der Charta zu berücksichtigen.

Auch gilt es, einen umfassenden Minderheitenschutz und Schutz vor Diskriminierung, insbesondere aufgrund der Hautfarbe, der ethnischen Herkunft, der Religion oder Weltanschauung, einer Behinderung, des Alters oder der sexuellen Ausrichtung zu garantieren. Auch für Angehörige von Drittstaaten muss ein Mindeststandard an Grundrechten gesichert werden.

Die in den Verträgen verankerte Gleichstellung und Förderung von Frauen ist über das Arbeits- und Wirtschaftsleben hinaus auf alle Bereiche der EU auszudehnen und in die GRC aufzunehmen. Ein bloßes Diskriminierungsverbot reicht dazu nicht aus.

In der Grundrechtecharta soll die Eheschließungsfreiheit garantiert werden, ebenso der Schutz der Privatheit und des Familienlebens. Der Schutz der Familie muss angesichts der gewandelten Lebensrealitäten auch eine Anerkennung der Vielfalt der Gemeinschaften einschließen, in denen Verantwortung füreinander gelebt wird. Die Charta soll klarstellen, dass gleichgeschlechtliche Paare bei der Wahlfreiheit ihres Rechtsstatus nicht benachteiligt werden dürfen. Erforderlich ist auch eine Bestimmung, die sicherstellt, dass nichteheliche Lebensgemeinschaften respektiert werden.

Der Schutz der Kinder muss ein besonderes Anliegen auch der Europäischen Union sein. Ausgehend vom UN-Übereinkommen über die Rechte des Kindes vom 20. November 1989 geht es vor allem darum, Kinder als Träger eigener Rechte anzuerkennen, ein Recht auf Förderung ihrer Entwicklung zu verankern und den Schutz der Kinder zu verbessern.

Angesichts einer sich entwickelnden gemeinsamen Außen- und Sicherheitspolitik, mit internationalen Aufgaben der Sicherheitskräfte, muss das Recht auf Kriegsdienstverweigerung aus Gewissensgründen auch europäisch verankert werden.

Im Zuge einer modernen Grundrechtentwicklung muss auch das Recht auf eine saubere und gesunde Umwelt sowie der Schutz der natürlichen Lebensgrundlagen unverzichtbarer Bestandteil einer Grundrechtecharta werden.

Auch das Bekenntnis des Europäischen Rates in Tampere, dem künftigen gemeinsamen europäischen Asylrecht die Genfer Flüchtlingskonvention „uneingeschränkt und allumfassend" zugrunde zu legen, muss in der GRC seinen unmissverständlichen Ausdruck finden, einschließlich der geschlechtsspezifischen Verfolgungsgründe.

Die Arbeit an der GRC findet zunehmend internationale Beachtung. Europa muss, seinem Selbstverständnis entsprechend, weiter ein Vorreiter in der Entwicklung und Gewährleistung von Menschen-, Bürgerinnen- und Bürgerrechten bleiben. Der durch die Initiative der Bundesregierung und unter ihrer Präsidentschaft in Köln erreichte Fortschritt muss gesichert und ausgebaut werden.

Nur durch eine breite gesellschaftliche Debatte kann sich die Hoffnung erfüllen, dass die Arbeit an der Grundrechtecharta auch die europäische Identität der Unionsbürgerinnen und -bürger stärkt und der um sich greifenden Europamüdigkeit entgegenwirkt.

Der Bundestag fordert die Bundesregierung auf,

1. die Arbeiten des Konvents zur Erarbeitung der Europäischen Grundrechtecharta weiter zu unterstützen,

2. mit dazu beizutragen, dass die Bedeutung der Grundrechtecharta auch in der deutschen Öffentlichkeit erkannt und gewürdigt sowie eine breite gesellschaftliche Debatte gefördert wird,

3. sich ergänzend für den Beitritt der EU zur EMRK einzusetzen,

4. den Konvent bei der Formulierung von fortschrittlichen und für die europäische Integration zentralen Grundrechten zu unterstützen; dazu gehören insbesondere ein Diskriminierungsverbot und ein aktives Gleichstellungsgebot sowie kulturelle Rechte,

5. die Aufnahme von wirtschaftlichen and sozialen Rechten unter Berücksichtigung der Europäischen Sozialcharta und der Gemeinschaftscharta der sozialen Grundrechte der Arbeitnehmer in die Charta mitzutragen,

6. sich im Europäischen Rat für die Rechtsverbindlichkeit der Grundrechtecharta mit individueller Klagemöglichkeit einzusetzen.

Berlin, den 16. Mai 2000

b)   Antrag der Fraktion der CDU/CSU: Die Rechte der Bürger stärken – für eine bürgernahe Charta der Grundrechte der Europäischen Union vom 16. Mai 2000[13]

Antrag

der Abgeordneten Peter Hintze, Peter Altmaier, Dr. Ralf Brauksiepe, Dr. Reinhard Göhner, Horst Günther, Ursula Heinen, Klaus Hofbauer, Dr. Martina Krogmann, Dr. Gerd Müller, Dr. Friedbert Pflüger, Hans-Peter Repnik, Hannelore Rönsch (Wiesbaden), Michael Stübgen, Arnold Vaatz und der Fraktion der CDU/CSU

Die Rechte der Bürger stärken – für eine bürgernahe Charta der Grundrechte der Europäischen Union

Der Deutsche Bundestag wolle beschließen:

Die Europäische Union und ihre Mitgliedstaaten sind eine Wertegemeinschaft, die auf den Grundsätzen der Freiheit, der Demokratie, der Achtung der Menschenrechte und Grundfreiheiten sowie der Rechtsstaatlichkeit beruht. In der Rechtsprechung des Europäischen Gerichtshofes und in Artikel 6 des Vertrages über die Europäische Union wird dies ausdrücklich anerkannt.

Der Deutsche Bundestag begrüßt daher das Vorhaben, eine Charta der Grundrechte der Europäischen Union zu erarbeiten, um die überragende Bedeutung der Grund- und Menschenrechte und ihre Tragweite für die Unionsbürger deutlicher als bisher sichtbar zu machen. Dies entspricht einer Forderung, die der Deutsche Bundestag seit vielen Jahren mit großer Einmütigkeit vertritt.

Die Erarbeitung der Grundrechtecharta und ihre mögliche Aufnahme in den EU-Vertrag kann nicht nur für die Bürger der Union identitätsstiftend wirken, sondern darüber hinaus auch für die Beitrittskandidaten zur EU sowie für Demokratie-, Menschen- und Bürgerrechtsbewegungen in aller Welt politische Signalwirkung entfalten.

Das gewählte Verfahren der Erarbeitung des Charta-Entwurfs durch einen "Konvent" wird vom Deutschen Bundestag unterstützt, da auf diese Weise erstmals Vertreter des Europäischen Parlamentes und der nationalen Parlamente beim Zustandekommen eines wichtigen Projekts der Europäischen Integration gleichberechtigt neben den Regierungsvertretern der Mitgliedstaaten mitwirken können. Dadurch wird ein größeres Maß an parlamentarischer Einflussnahme und Kontrolle gewährleistet. Darüber hinaus wurde die Einbeziehung einer breiten Öffentlichkeit durch die sowohl innerstaatlich als auch auf europäischer Ebene durchgeführten Anhörungen der Verbände als Vertreter der Bürgergesellschaft sichergestellt.

Für das Zustandekommen und das weitere Schicksal der Grundrechtecharta kommt es entscheidend auf ihren Inhalt an. Deshalb darf die Charta weder hinter dem bereits bisher geltenden Schutzniveau zurückbleiben, noch durch unrealistische Forderungen überfrachtet und damit gefährdet wer-

---

[13]   BT- Drucksache 14/3368 vom 16. Mai 2000.

den. Nach Auffassung des Deutschen Bundestages sollten die folgenden Überlegungen bei der Erarbeitung des Charta-Entwurfs zugrundegelegt werden:

1. Die Bestimmungen der Charta sollten einfach, klar und für die Bürger der Union verständlich formuliert werden, da nur dann die mit ihrer Erarbeitung verbundenen Erwartungen erfüllt werden können.

2. Das Europäische Menschenbild, das auf christlich-abendländischer Grundlage entstanden ist, muss im Aufbau und Inhalt der Grundrechtecharta sichtbar werden. Deshalb müssen die Achtung und der Schutz der Menschenwürde sowie die Freiheit der Person die zentralen Ausgangspunkte der Charta bilden.

3. Darüber hinaus sollten in erster Linie die klassischen Freiheits- und Verfahrensrechte als Abwehr- und Kontrollrechte der europäischen Bürger im Hinblick auf die Tätigkeit der europäischen Organe und den Erlass, die Durchführung und Anwendung des Gemeinschaftsrechts in die Charta aufgenommen werden. Dadurch wird zum Ausdruck gebracht, dass europäische Verordnungen, Richtlinien und Entscheidungen sowie das Handeln der EU-Organe an den gleichen strengen Grundrechtsmaßstäben zu messen sind, wie sie seit jeher für das Handeln der Mitgliedstaaten gelten. Legitimation und Akzeptanz der EU werden so erheblich gestärkt.

4. Angesichts der schrecklichen Erfahrungen mit ethnischen Säuberungen und Vertreibungen im 20. Jahrhundert und insbesondere in jüngster Zeit auf dem Balkan sollte in die Charta ein Grundrecht auf Heimat und Schutz vor Vertreibung sowie eine Schutzbestimmung für ethnische, nationale und sprachliche Minderheiten aufgenommen werden.

5. Unter Berücksichtigung der Genfer Flüchtlingskonvention sollte in der Grundrechtecharta eine Institutsgarantie für politisch Verfolgte aufgenommen werden, um auf diese Weise die Notwendigkeit der Schaffung eines harmonisierten europäischen Asylrechts zu unterstreichen.

6. Soweit es sich um wirtschaftliche und soziale Rechte handelt, soll die Charta den erreichten Stand der europäischen Integration widerspiegeln, wie er insbesondere in den entsprechenden Vorschriften des EG-Vertrages zum Ausdruck kommt. Es dürfen dabei jedoch keine neuen Leistungsansprüche gegenüber den Mitgliedstaaten oder der Union begründet oder Erwartungen geweckt werden, die angesichts fehlender Kompetenzen auf Ebene der Union nicht zu erfüllen sind. Ansonsten würde das Zustandekommen der Charta und ihre Aufnahme in den Vertrag gefährdet.

7. Bei der Erarbeitung der Charta ist sicherzustellen, dass der Grundrechtsschutz, der insbesondere durch die Europäische Konvention zum Schutze der Menschenrechte und Grundfreiheiten (EMRK) und durch die Rechtsprechung des Europäischen Menschenrechtsgerichtshofes in Straßburg garantiert wird, nicht unterschritten wird, und dass die EMRK ihre herausragende Bedeutung für den europäischen Menschenrechtsschutz innerhalb und außerhalb der EU behält.

8. Mit der Erarbeitung der Grundrechtecharta dürfen keine neuen Zuständigkeiten auf die Europäische Union übertragen werden. Vielmehr wird die Ausübung der bereits vorhandenen Zuständigkeiten effektiver kontrolliert und begrenzt. Die Grundrechtecharta begründet keine Staatsqualität für die Europäische Union.

Dies ist ein Schritt in Richtung auf eine umfassende Zuständigkeits- und Kompetenzabgrenzung zwischen der Europäischen Union und ihren Mitgliedstaaten, die für den weiteren Fortgang der europäischen Integration von herausragender Bedeutung ist.

9. Die Bestimmungen der Charta sollten so formuliert werden, dass sie - bei entsprechendem politischem Willen der Mitgliedstaaten - jederzeit als verbindlicher Text in den EU-Vertrag aufgenommen werden können und damit für die Bürger der Union auch gerichtlich einklagbar und durchsetzbar werden. Dabei muss deutlich werden, dass die Bestimmungen der Charta sowohl von den Organen der Europäischen Union als auch bei der Durchführung und Anwendung von Gemein-

schaftsrecht auf Ebene der Mitgliedstaaten zu beachten sind, da nur so ein unionsweiter und einheitlicher Grundrechtsschutz gewährleistet werden kann.

Berlin, den 16. Mai 2000

c) Antrag der FDP-Fraktion: Verbindlichkeit der Europäischen Grundrechte-Charta und Beitritt der Europäischen Union zur Europäischen Menschenrechtskonvention vom 10. Mai. 2000[14]

Antrag

der Abgeordneten Sabine Leutheusser-Schnarrenberger, Dr. Werner Hoyer, Dr. Helmut Haussmann, Ernst Burgbacher, Hildebrecht Braun (Augsburg), Rainer Brüderle, Jörg van Essen, Horst Friedrich (Bayreuth), Rainer Funke, Dr. Karlheinz Guttmacher, Klaus Haupt, Ulrich Heinrich, Walter Hirche, Birgit Homburger, Ulrich Irmer, Dr. Klaus Kinkel, Dr. Heinrich L. Kolb, Gudrun Kopp, Jürgen Koppelin, Jürgen W. Möllemann, Dirk Niebel, Günther Friedrich Nolting, Hans-Joachim Otto (Frankfurt), Detlef Parr, Cornelia Pieper, Dr. Edzard Schmidt-Jortzig, Dr . Irmgard Schwaetzer, Dr. Herrmann Otto Solms, Dr. Max Stadler, Carl-Ludwig Thiele, Dr. Dieter Thomae, Jürgen Türk, Dr. Wolfgang Gerhardt und der Fraktion der F. D. P.

Verbindlichkeit der Europäischen Grundrechte-Charta und Beitritt der Europäischen Union zur Europäischen Menschenrechtskonvention

Der Bundestag wolle beschließen:

I. Der Deutsche Bundestag stellt fest:

1. Im Juni 1999 wurde durch den Europäischen Rat beschlossen, ein Gremium zur Ausarbeitung einer Charta der Grundrechte der Europäischen Union ein zusetzen. Seit Dezember des vergangenen Jahres tagt dieses Gremium mit dem Vorsitzenden Roman Herzog unter der Bezeichnung Konvent. Gemäß dem Mandat soll die Grundrechte-Charta die Freiheits- und Gleichheitsrechte sowie die Verfahrensgrundrechte umfassen, wie sie sich aus der Europäischen Menschenrechtskonvention und den gemeinsamen Verfassungsüberlieferungen der Mitgliedstaaten als allgemeine Grundsätze des Gemeinschaftsrechts ergeben. Darüber hinaus legt das Mandat fest, dass wirtschaftliche und soziale Rechte einzubeziehen sind, wie sie in der Europäischen Sozialcharta und der Gemeinschaftscharta der sozialen Grundrechte der Arbeitnehmer festgelegt sind, sofern sie nicht nur Handlungsziele der Europäischen Union begründen. Ferner soll die Charta diejenigen Rechte hervorheben, die nur den Unionsbürgern zukommen. Der Entwurf einer Grundrechte-Charta soll bis Ende dieses Jahres fertiggestellt und feierlich proklamiert werden. Dann wird vom Europäischen Rat darüber entschieden, ob sie Bestandteil der Europäischen Verträge und damit für die europäischen Organe, für die Mitgliedstaaten bei der Anwendung europäischen Rechts und für die in der Europäischen Union lebenden Menschen verbindlich werden wird und dem Ratifikationsverfahren zugeleitet werden soll.

2. Die Bedingungen für die Ausarbeitung der Charta sind ungünstig. Zum einen zwingt der enorme Zeitdruck zum schnellen Handeln, was die Gefahr impliziert, dass der auszuarbeitende Konsens auf den kleinsten gemeinsamen Nenner hinausläuft. Bis Ende Juni 2000 soll die Rohfassung der Charta vorliegen, und danach werden Änderungen und Ergänzungen nur noch in einem sehr begrenzten Umfang möglich sein. Zum anderen hat die Anhörung der EU-Ausschüsse des Deutschen Bundestages und des Bundesrates zur Charta der Europäischen Grundrechte vom 5. April 2000 gezeigt, dass die in die Charta gesetzten Erwartungen und damit verbundenen Vorstellungen erheblich von-

---

[14] BT-Drucksache 14/3322 vom 10. Mai 2000.

einander abweichen. Sie reichen von der bloßen Übernahme der Europäischen Menschenrechtskonvention bis zu einem umfangreichen Katalog der klassischen Freiheitsrechte sowie der sozialen
und politischen Grundrechte.

3. Der gegenwärtige Grundrechtsschutz in der Europäischen Union ist lückenhaft und keineswegs
zufriedenstellend. Die Rechtsprechung des Europäischen Gerichtshofs leistet zwar bisher schon
einen hervorragenden Beitrag, aber die von ihm geprägte Ausgestaltung der Grundrechte ist nur
punktuell und für den Bürger nicht transparent und nachvollziehbar. Auch der Vertrag von Amsterdam war zwar ein entscheidender Schritt auf dem Weg zu einer immer deutlicheren Verbürgung
der Grundrechte, denn er bekräftigt das Bekenntnis der Europäischen Union zu den Menschen-
rechten und Grundfreiheiten, aber er belässt es dennoch bei den Verweisungen auf die Europäische
Menschenrechtskonvention und die gemeinsamen Verfassungsüberlieferungen. Dieses derzeit
praktizierte Verweisungssystem ist verwirrend und schafft keine Klarheit über die geltenden Regelungen. Zudem ist die Bedeutung der Grundrechte für die erste Säule, das Gemeinschaftsrecht,
und die zweite und dritte Säule, die überwiegend intergouvernementale Zusammenarbeit, unterschiedlich.

4. Angesichts dieses lückenhaften Grundrechtsschutzes stellt die Erarbeitung einer EU-
Grundrechte-Charta einen Meilenstein auf dem Weg zu einer europäischen Verfassungsordnung
und zur Stärkung der Stellung der Bürgerinnen und Bürger in der Europäischen Union dar. Durch
die in den vergangenen Jahren erfolgte Aufgabenverlagerung auf die europäische Ebene wird der
Unionsbürger verstärkt mit dem Handeln der Gemeinschaft konfrontiert. In gleicher Weise wie von
einem modernen Verfassungsstaat wird von der Europäischen Union erwartet, dass sie sich am
Maßstab eines konkreten Grundrechtsstandards festhalten lässt. Ziel der Charta muss es sein, den
Grundrechtsschutz auf hohem Niveau klar und verständlich und damit bürgerfreundlich zu gestal-
ten. Die Bürger sollen Vertrauen in die Kontrolle europäischen behördlichen Handelns bekommen.
Sie sollen erfolgreich ihre Grundrechte gerichtlich verteidigen können. Nur eine Europäische
Grundrechte-Charta wird dem Charakter der Europäischen Union, die eine Wertegemeinschaft
bildet und nicht nur aus einer Währungs- und Wirtschaftsgemeinschaft besteht, gerecht.

5. Ausgangspunkt für die inhaltliche Ausgestaltung ist die Europäische Menschenrechtskonvention,
die allerdings durch zahlreiche Zusatzprotokolle und Rechtsprechung ergänzt wurde und in der sich
viele heutige Gesellschaftsproblematiken nicht wiederfinden. Die Ausarbeitung der Charta stellt
eine einmalige Gelegenheit dar, die jetzt genutzt werden und bei der es gelingen muss, einen Katalog zu erarbeiten, der den Wertvorstellungen der heutigen und künftigen europäischen Gesellschaft entspricht und der unter keinen Umständen hinter dem derzeitigen Schutzstandard der Menschenwürde, der Freiheit, des Schutzes vor Willkür und der gleichberechtigten Selbstbestimmung
zurückbleiben darf.

6. Die Grundrechte-Charta muss selbstverständlich in enger Anlehnung an die Europäische Menschenrechtskonvention die klassischen Freiheitsrechte enthalten wie z. B. das Recht auf Freiheit
und auf Leben, der freien Meinungsäußerung, auf Eigentum und auf ein faires rechtsstaatliches
Verfahren vor einem unabhängigen und unparteiischen Gericht. Darüber hinaus ist das Recht auf
informationelle Selbstbestimmung hinsichtlich der Verwendung von personenbezogenen Daten zu
verankern. Ebenso ist das Recht auf Freiheit der Berufswahl, das Recht der kollektiven Verhandlungen und ein umfassendes Diskriminierungsverbot in den Katalog aufzunehmen. Gerade im Zusammenhang mit der nachdrücklichen Forderung nach Aufnahme sozialer Grundrechte kommt dem
Diskriminierungsverbot eine besondere Bedeutung zu, denn es garantiert einen diskriminierungs-
freien Zugang zu staatlichen Leistungen. Anstelle der Formulierung allgemeiner Ziele und öffentlicher Aufgabenkataloge, die in den allgemeinen Vertragstext der Europäischen Union gehören, hat
dieser Ansatz den Vorteil gerichtlicher Überprüfbarkeit und Klarheit.

Weiter bedarf es der Aufnahme eines Grundrechts zum Schutz der allgemeinen Handlungsfreiheit entsprechend Artikel 2 Abs. 1 des deutschen Grundgesetzes. Ebenso notwendig ist es, das Recht auf Asyl für politisch Verfolgte und den Abschiebungsschutz bei Gefahr der Verfolgung im Heimatstaat aufzunehmen sowie das Verbot der Todesstrafe. Die EU-Grundrechte-Charta soll die Errungenschaften der Menschenrechte in den Mitgliedstaaten und in internationalen Konventionen widerspiegeln. Die Glaubwürdigkeit der Europäischen Union wäre gefährdet, wenn nicht die grundsätzlichen Elemente der Menschenrechte, wie vor allem ihre Unteilbarkeit, in der Charta enthalten wären. Artikel 1 der Grundrechte-Charta muss daher lauten: Die Menschenwürde ist unantastbar. Diese Garantie ist unabhängig von der Unionsbürgerschaft und gilt für jeden Menschen.

7. Die Europäische Grundrechte-Charta muss unbedingt für verbindlich erklärt werden. Sie muss angesichts der Kompetenzerweiterungen der Europäischen Union durch Schaffung der zweiten und dritten Säule, die einen extrem grundrechtssensiblen Bereich betreffen, vollständig und uneingeschränkt in allen Bereichen europäischen Gestaltens Gültigkeit haben. Dies bedeutet, dass alle EU-Institutionen – z. B. auch Europol – an die Charta gebunden sind. Wegen der Gefahr drohender Grundrechtsverletzungen ist das Bestehen eines grundrechtsfreien Raums unerträglich, der wegen der nur allgemeinen Verweisung in Artikel 6 Abs. 2 EUV auf die Europäische Menschenrechtskonvention droht. Denn diese Formulierung lässt zum einen die Zusatzprotokolle und die Rechtsprechung des Europäischen Gerichtshofs für Menschenrechte in Straßburg unberücksichtigt und zum anderen besteht durch die Achtung allein noch keine Möglichkeit, die EU-Organe im Falle von Verstößen gegen die Europäische Menschenrechtskonvention zur Rechenschaft zu ziehen.

8. Ziel sollte es ferner sein, bei der Revision der Verträge durch die Aufnahme der Charta und die Ergebnisse der Regierungskonferenz die Möglichkeit zu schaffen, dass die Europäische Union durch entsprechende Vertragsgestaltung der Europäischen Menschenrechtskonvention beitritt. Mit diesem Schritt wäre ein besserer Rechtsschutz der in der Europäischen Union lebenden Menschen garantiert.

Mit der Debatte über die Europäische Grundrechte-Charta ist ein Stein ins Rollen gebracht worden, der nicht durch ihre Aufnahme in die Verträge gestoppt werden wird. Die Charta wird vielmehr den Grundstein für eine gesamteuropäische Verfassung legen.

II. Der Deutsche Bundestag fordert daher die Bundesregierung auf:

1. sich auf dem europäischen Rat in Nizza mit Nachdruck für die Aufnahme der Grundrechte-Charta in die Europäischen Verträge und damit für die Verbindlichkeit der Charta einzusetzen,

2. sich für den Beitritt der Europäischen Union zur Europäischen Menschenrechtskonvention einzusetzen,

3. trotz des Zeitdrucks sich nicht auf einen Minimalkonsens einzulassen, der einer Grundrechte-Charta des 21. Jahrhunderts nicht gerecht werden würde,

4. die Charta verständlich und damit bürgerfreundlich zu gestalten,

5. sich für die Aufnahme der oben unter I. 6. aufgeführten Grundrechte einzusetzen und zur Bedingung für einen Konsens zu machen,

6. sich für die notwendige Stärkung des Europäischen Gerichtshofs einzusetzen, damit dieser der zusätzlichen Arbeitsbelastung gewachsen ist und die Grundrechte der Europäischen Union ihre umfassende Schutzwirkung entfalten können,

7. sich vor der endgültigen Beschlussfassung des Rates für die Beteiligung des Europäischen Parlaments einzusetzen und vor abschließender Beratung den Deutschen Bundestag zu beteiligen.

Berlin, den 10. Mai 2000 (es folgen die Namen der Antragsteller)

Nr. 8 Präsidium des EU-Grundrechtskonvents: Entwurf der Charta der Grundrechte der Europäischen Union vom 5. und 16. Mai 2000[15]

Artikel 1. Würde des Menschen

(1) Die Würde des Menschen ist zu achten und zu schützen.

(2) Alle Menschen sind vor dem Gesetz gleich.

Artikel 2. Recht auf Leben

(1) Jede Person hat das Recht auf Leben.

(2) Niemand darf zur Todesstrafe verurteilt oder hingerichtet werden.

Artikel 3. Recht auf Unversehrtheit des Menschen

(1) Jede Person hat das Recht auf körperliche und geistige Unversehrtheit.

(2) Im Rahmen der Medizin und der Biologie müssen insbesondere folgende Grundsätze eingehalten werden:

- Verbot eugenischer Praktiken;
- Achtung der Entscheidung des Patienten nach vorheriger Aufklärung;
- Verbot, den menschlichen Körper und Teile davon zur Erzielung von Gewinnen zu nutzen;
- Verbot des reproduktiven Klonens von Menschen.

Artikel 4. Verbot der Folter und der unmenschlichen Behandlung

Niemand darf der Folter oder unmenschlicher oder erniedrigender Strafe oder Behandlung unterworfen werden. Niemand darf in einen Staat ausgewiesen oder abgeschoben werden, in dem er durch die Todesstrafe, durch Folter oder durch andere unmenschliche Behandlungen bedroht ist.

Artikel 5. Verbot der Sklaverei und der Zwangsarbeit

(1) Niemand darf in Sklaverei oder Leibeigenschaft gehalten werden.

(2) Niemand darf gezwungen werden, Zwangs- oder Pflichtarbeit zu verrichten.

Artikel 6. Recht auf Freiheit und Sicherheit

Jede Person hat das Recht auf Freiheit und Sicherheit. Die Freiheit darf nur in gesetzlich vorgeschriebenen Fällen und Formen entzogen werden.

Artikel 7. Recht auf wirksame Beschwerde

Jede Person, deren Rechte und Freiheiten verletzt worden sind, hat das Recht, bei einem Gericht eine wirksame Beschwerde zu erheben.

Artikel 8. Recht auf ein unparteiisches Gericht

(1) Jede Person hat Anspruch darauf, daß ihre Sache einem fairen Verfahren öffentlich und innerhalb einer angemessenen Frist von einem unabhängigen und unparteiischen, auf Gesetz beruhenden Gericht behandelt wird.

(2) Personen, die nicht über ausreichende Mittel verfügen, wird eine Prozeßkostenhilfe gewährt, sofern diese Hilfe unerläßlich ist, um den Zugang zum Recht wirksam zu gewährleisten.

---

[15] Neuer Vorschlag für die Artikel 1 bis 30 (Bürgerliche und politische Rechte sowie Rechte der Bürger), Dokument CHARTE 4284/00 CONVENT 28 vom 5. Mai 2000; Neuer Vorschlag für die Artikel über die wirtschaftlichen und sozialen Rechte und Artikel mit horizontalen Bestimmungen, Dokument CHARTE 4316/00 CONVENT 34 vom 16. Mai 2000 (ab Art. 31), http://db.consilium.eu.int/df/default.asp?lang=de.

Artikel 9. Unschuldsvermutung und Rechte der Verteidigung

(1) Jede angeklagte Person gilt bis zum gesetzlichen Beweis ihrer Schuld als unschuldig.

(2) Jedem Angeklagten wird die Achtung der Verteidigungsrechte gewährleistet.

Artikel 10. Keine Strafe ohne Gesetz

(1) Niemand darf wegen einer Handlung oder Unterlassung verurteilt werden, die zur Zeit ihrer Begehung nach innerstaatlichem oder internationalem Recht nicht strafbar war. Es darf auch keine schwerere Strafe als die zur Zeit der Begehung angedrohte Strafe verhängt werden. Wird nach Begehung dieser Straftat durch Gesetz eine leichtere Strafe eingeführt, so ist diese zu verhängen.

(2) Dieser Artikel schließt nicht aus, daß jemand wegen einer Handlung oder Unterlassung verurteilt oder bestraft wird, die zur Zeit ihrer Begehung nach den allgemeinen Grundsätzen des internationalen Rechts strafbar war.

Artikel 11. Recht, wegen derselben Sache nicht zweimal vor Gericht gestellt oder bestraft zu werden

Niemand darf wegen einer Straftat, wegen der er bereits nach dem Gesetz rechtskräftig verurteilt oder freigesprochen worden ist, in einem Strafverfahren erneut verfolgt oder bestraft werden.

Artikel 12. Achtung des Privatlebens

Jede Person hat Anspruch auf Achtung ihres Privatlebens, ihrer Ehre und ihres guten Rufs, ihrer Wohnung sowie des Brief-, Post- und Fernmeldegeheimnisses.

Artikel 13. Familienleben

(1) Jede Person hat das Recht auf Achtung ihres Familienlebens.

(2) Jede Person hat das Recht, nach den innerstaatlichen Gesetzen, die die Ausübung dieses Rechts regeln, eine Ehe einzugehen und eine Familie zu gründen.

(3) Der rechtliche, wirtschaftliche und soziale Schutz der Familie wird gewährleistet.

Artikel 14. Gedanken-, Gewissens- und Religionsfreiheit

Jede Person hat das Recht auf Gedanken-, Gewissens- und Religionsfreiheit.

Artikel 15. Freiheit der Meinungsäußerung

Jede Person hat das Recht auf freie Meinungsäußerung. Dieses Recht schließt die Meinungsfreiheit und die Freiheit ein, Informationen und Ideen ohne behördliche Eingriffe und ohne Rücksicht auf Staatsgrenzen zu empfangen und weiterzugeben.

Artikel 16. Recht auf Bildung

(1) Jede Person hat Recht auf Bildung sowie auf Zugang zur beruflichen Ausbildung und Weiterbildung. Dieses Recht umfaßt die Möglichkeit, unentgeltlich am Pflichtschulunterricht teilzunehmen.

(2) Die Gründung von Lehranstalten ist frei.

(3) Das Recht der Eltern, die Erziehung und den Unterricht ihrer Kinder entsprechend ihren eigenen religiösen und weltanschaulichen Überzeugungen sicherzustellen, ist zu achten.

Artikel 17. Versammlungs- und Vereinigungsfreiheit

Jede Person hat das Recht, sich frei und friedlich mit anderen zu versammeln und sich frei mit anderen zusammenzuschließen; dazu gehört auch das Recht, Gewerkschaften oder politische Parteien zu gründen und diesen beizutreten.

Artikel 18. Recht auf Zugang zu Dokumenten

Jeder Unionsbürger sowie jede Person mit Wohnsitz in der Union hat das Recht auf Zugang zu Dokumenten des Europäischen Parlaments, des Rates und der Kommission.

Artikel 19. Datenschutz

Jede Person hat das Recht, über die Offenlegung und Verwendung ihrer persönlichen Daten selbst zu entscheiden.

Artikel 20. Eigentumsrecht

Jeder hat das Recht, rechtmäßig erworbenes Eigentum zu besitzen, zu nutzen und darüber zu verfügen. Der Gebrauch des Eigentums muß unter Beachtung der zum Wohl der Allgemeinheit erforderlichen Beschränkungen erfolgen. Niemandem darf sein Eigentum entzogen werden, es sei denn aus Gründen des öffentlichen Interesses und nur in Fällen und unter Bedingungen, die durch Gesetz vorgesehen sind, sowie gegen eine vorher zugesagte angemessene Entschädigung.

Artikel 21. Asylrecht und Ausweisung

(1) Staatsangehörige von Drittländern haben Recht auf Asyl in der Europäischen Union nach Maßgabe des Genfer Abkommens vom 28. Juli 1951 und des Protokolls vom 31. Januar 1967 über die Rechtsstellung der Flüchtlinge.

(2) Kollektivausweisungen von Ausländern sind nicht zulässig.

Artikel 22. Gleichheit und Nichtdiskriminierung

(1) Diskriminierungen wegen des Geschlechts, der Rasse, der Hautfarbe oder der ethnischen oder sozialen Herkunft, der Sprache, der Religion oder der Weltanschauung, politischer Überzeugungen, der Zugehörigkeit zu einer nationalen Minderheit, des Vermögens, der Geburt, einer Behinderung, des Alters oder der sexuellen Ausrichtung sind verboten.

(2) Im Anwendungsbereich des Vertrags zur Gründung der Europäischen Gemeinschaft und des Vertrags über die Europäische Union ist jede Diskriminierung aus Gründen der Staatsangehörigkeit verboten.

(3) Die Union wirkt darauf hin, Ungleichheiten zu beseitigen und die Gleichstellung von Männern und Frauen zu fördern. Die Gleichheit der Geschlechter wird insbesondere bei der Festsetzung der Arbeitsentgelte und der sonstigen Arbeitsbedingungen gewährleistet.

Artikel 23. Recht der Kinder

Kinder müssen als eigenständige Personen behandelt werden und die Möglichkeit haben, auf Angelegenheiten, die sie selbst betreffen, entsprechend dem Grad ihrer persönlichen Reife Einfluß zu nehmen.

Artikel 24. Politische Parteien

Jeder Bürger hat das Recht, mit anderen eine politischen Partei auf der Ebene der Europäischen Union zu gründen, und jede Person hat das Recht, dieser beizutreten. Diese politischen Parteien müssen die durch diese Charta gewährleisteten Rechte und Freiheiten achten.

Grundsatz der Demokratie (gestrichen; Begründung: In der Folge der Arbeiten des Konvents wurde beschlossen, die folgenden Elemente in die Präambel aufzunehmen)

(1) Alle öffentliche Gewalt geht vom Volk aus.

(2) Die Union und ihre Organe beruhen auf den Grundsätzen der Freiheit, der Demokratie, der Achtung der Menschenrechte und der Rechtsstaatlichkeit; diese Grundsätze sind allen Mitgliedstaaten gemeinsam.

Artikel 25. Aktives und passives Wahlrecht bei den Wahlen zum Europäischen Parlament

(1) Die Mitglieder des Europäischen Parlaments werden in allgemeiner, unmittelbarer, freier und geheimer Wahl gewählt.

(2) Jeder Unionsbürger besitzt in dem Mitgliedstaat, in dem er seinen Wohnsitz hat, das aktive und passive Wahlrecht, wobei für ihn dieselben Bedingungen gelten wie für die Angehörigen des betreffenden Mitgliedstaats.

Artikel 26. Aktives und passives Wahlrecht bei den Kommunalwahlen

Jeder Unionsbürger hat in dem Mitgliedstaat, in dem er seinen Wohnsitz hat, das aktive und passive Wahlrecht bei Kommunalwahlen, wobei für ihn dieselben Bedingungen gelten wie für die Angehörigen des betreffenden Mitgliedstaats.

Artikel 27. Beziehungen zur Verwaltung

(1) Jeder hat ein Recht darauf, daß seine Angelegenheiten von den Organen und Einrichtungen der Union unparteiisch, gerecht und innerhalb einer angemessenen Frist behandelt werden.

(2) Dieses Recht umfaßt insbesondere

- das Recht einer jeden Person, gehört zu werden, bevor ihr gegenüber eine für sie nachteilige, individuelle Maßnahme getroffen wird,
- das Recht einer jeden Person auf Zugang zu den sie betreffenden Akten unter Wahrung des legitimen Interesses der Vertraulichkeit und der Geheimhaltung der Angelegenheiten,
- die Verpflichtung der Verwaltung, ihre Entscheidungen zu begründen.

(3) Jeder kann sich in einer der Amtssprachen der Union an die Organe und Einrichtungen der Union wenden und muß eine Antwort in dieser Sprache erhalten.

Artikel 28. Der Bürgerbeauftragte

Jeder Unionsbürger sowie jede natürliche oder juristische Person mit Wohnsitz oder satzungsmäßigem Sitz in einem Mitgliedstaat hat das Recht, den Bürgerbeauftragten der Union im Falle von Mißständen in der Verwaltung der Unionsorgane und -einrichtungen, mit Ausnahme des Gerichtshofs und des Gerichts erster Instanz in Ausübung ihrer Rechtsprechungsbefugnisse, zu befassen.

Artikel 29. Petitionsrecht

Jeder Unionsbürger sowie jede natürliche oder juristische Person mit Wohnsitz oder satzungsmäßigem Sitz in einem Mitgliedstaat besitzt das Petitionsrecht beim Europäischen Parlament.

Artikel 30. Freizügigkeit

Jeder Unionsbürger hat das Recht, sich im Hoheitsgebiet der Mitgliedstaaten frei zu bewegen und aufzuhalten.

Artikel 31. Rechte und Grundsätze für den Sozialbereich

Die Organe und Einrichtungen der Union und die Mitgliedstaaten, wenn sie im Geltungsbereich des Gemeinschaftsrechts tätig werden, sowie die auf Gemeinschaftsebene und im Rahmen ihrer jeweiligen Zuständigkeiten handelnden Sozialpartner achten die Rechte und bringen die Grundsätze zur Anwendung, die in dieser Charta für den Sozialbereich aufgeführt sind.

Artikel 32. Berufsfreiheit

Jede Person hat das Recht, ihren Beruf und ihr Gewerbe frei zu wählen und auszuüben.

Artikel 33. Pflicht zur Unterrichtung und Anhörung der Arbeitnehmer im Unternehmen

Die Arbeitnehmer und ihre Vertreter haben Anspruch auf eine rechtzeitige Unterrichtung und Anhörung in dem sie beschäftigenden Unternehmen.

Artikel 34. Recht auf Kollektivverhandlungen und Kollektivmaßnahmen

Arbeitgeber und Arbeitnehmer haben das Recht, nach Maßgabe der einzelstaatlichen Rechtsvorschriften und Gepflogenheiten Tarifverträge auszuhandeln und zu schließen sowie bei Interessenkonflikten auch auf Ebene der Union kollektive Maßnahmen zu ergreifen, um ihre wirtschaftlichen und sozialen Interessen zu vertreten.

Artikel 35. Recht auf Ruhezeit und Jahresurlaub

Jeder Arbeitnehmer hat Anspruch auf eine Begrenzung der Höchstarbeitszeit, auf tägliche und wöchentliche Ruhezeiten sowie auf bezahlten Jahresurlaub.

Artikel 36. Gesunde und sichere Arbeitsbedingungen

Jeder Arbeitnehmer hat Anspruch auf gesunde und sichere Arbeitsbedingungen.

Artikel 37. Schutz der Jugendlichen

Unbeschadet günstigerer Vorschriften für Jugendliche, vor allem solcher Vorschriften, die ihre berufliche Eingliederung durch Berufsausbildung gewährleisten, und abgesehen von auf bestimmte leichte Arbeiten beschränkten Ausnahmen darf das Mindestalter für den Eintritt in das Arbeitsleben das Alter, in dem die Schulpflicht erlischt, nicht unterschreiten. Zur Arbeit zugelassene Jugendliche müssen ihrem Alter angepaßte Arbeitsbedingungen erhalten.

Artikel 38. Recht auf Schutz im Falle der Entlassung

Jeder Arbeitnehmer hat Anspruch auf Schutz vor ungerechtfertigter oder mißbräuchlicher Entlassung.

Artikel 39. Recht, Familien- und Berufsleben miteinander in Einklang zu bringen

Jeder Arbeitnehmer hat das Recht, sein Familien- und Berufsleben miteinander in Einklang zu bringen. Dieses Recht umfaßt insbesondere den Anspruch auf einen Mutterschaftsurlaub vor und/oder nach der Niederkunft und den Anspruch auf einen Elternurlaub nach der Geburt oder Adoption eines Kindes.

Artikel 40. Recht der Wanderarbeitnehmer auf Gleichbehandlung

Staatsangehörige von Drittländern, die rechtmäßig im Hoheitsgebiet der Mitgliedstaaten einer Erwerbstätigkeit nachgehen, haben Anspruch darauf, in bezug auf die Arbeitsbedingungen nicht weniger günstig behandelt zu werden als Arbeitnehmer der Europäischen Union.

Artikel 41. Soziale Sicherheit und soziale Unterstützung

(1) Entsprechend den jeweiligen Gegebenheiten der einzelnen Mitgliedstaaten werden Leistungen der sozialen Sicherheit vorgesehen, die bei Mutterschaft, bei Krankheit, bei Pflegebedürftigkeit oder im Alter sowie bei Verlust des Arbeitsplatzes Schutz gewährleisten.

(2) Zur Gewährleistung eines menschenwürdigen Daseins werden für jede Person, die nicht über ausreichende Mittel verfügt, eine soziale Unterstützung und eine Wohnungsbeihilfe vorgesehen.

Artikel 42. Gesundheitsschutz

Der Zugang zu ärztlicher Versorgung und zur Gesundheitsfürsorge wird für jede Person entsprechend den jeweiligen Gegebenheiten der einzelnen Mitgliedstaaten sichergestellt.

Artikel 43. Behinderte

Für Behinderte werden Maßnahmen zur sozialen und beruflichen Eingliederung vorgesehen.

Artikel 44. Umweltschutz

Der Schutz der Umwelt, der die Erhaltung, den Schutz und die Verbesserung der Umweltqualität, den Schutz der menschlichen Gesundheit sowie die umsichtige und rationelle Verwendung der natürlichen Ressourcen umfaßt, wird durch die Politiken der Union sichergestellt.

Artikel 45. Verbraucherschutz

Hinsichtlich der Gesundheit, der Sicherheit und der Interessen der Verbraucher wird durch die Politiken der Union ein hohes Schutzniveau sichergestellt.

Artikel 46. Anwendungsbereich

(1) Diese Charta findet Anwendung auf die Einrichtungen und Organe der Union bei der Wahrnehmung der ihnen durch die Verträge übertragenen Befugnisse sowie auf die Mitgliedstaaten ausschließlich im Geltungsbereich des Rechts der Union.

(2) Sie begründet weder neue Zuständigkeiten noch neue Aufgaben für die Gemeinschaft und für die Union, noch ändert sie die in den Verträgen festgelegten Zuständigkeiten und Aufgaben.

Artikel 47[16]. Einschränkung der gewährleisteten Rechte

Jede Einschränkung der Ausübung der in dieser Charta anerkannten Rechte und Freiheiten muß durch die zuständige gesetzgebende Instanz vorgesehen werden. Der Wesensgehalt dieser Rechte und Freiheiten darf nicht angetastet werden. Jede Einschränkung muß - unter Wahrung des Grundsatzes der Verhältnismäßigkeit - innerhalb der Grenzen bleiben, die für den Schutz legitimer Interessen in einer demokratischen Gesellschaft erforderlich sind. Einschränkungen dürfen nicht über die im Rahmen der Europäischen Konvention zum Schutze der Menschenrechte und Grundfreiheiten zulässigen Einschränkungen hinausgehen.

Artikel 48. Im Vertrag zur Gründung der Europäischen Gemeinschaft festgelegte Bedingungen und Grenzen

Die Ausübung der im Vertrag zur Gründung der Europäischen Gemeinschaft anerkannten Rechte erfolgt im Rahmen der in diesem Vertrag festgelegten Bedingungen und Grenzen.

Artikel 49. Schutzniveau

Diese Charta ist nicht als eine Einschränkung oder Verletzung der Menschenrechte und Grundfreiheiten auszulegen, die in ihrem jeweiligen Anwendungsbereich durch die Verfassungen der Mitgliedstaaten, das Völkerrecht und die internationalen Übereinkommen anerkannt werden, zu deren Vertragsparteien die Union, die Gemeinschaft oder alle Mitgliedstaaten gehören, darunter insbesondere die Europäische Konvention zum Schutze der Menschenrechte und Grundfreiheiten.

Artikel 50. Verbot des Mißbrauchs der Rechte

Diese Charta ist nicht so auszulegen, als begründe sie das Recht, eine Tätigkeit auszuüben oder eine Handlung vorzunehmen, die darauf abzielt, die in der Charta anerkannten Rechte und Freiheiten abzuschaffen oder sie stärker einzuschränken, als es in der Charta vorgesehen ist.

---

[16] In Dokument CONVENT 34 versehentlich als Artikel 43 bezeichnet.

Nr. 9 Vertrag zur Gründung der Europäischen Gemeinschaft: Protokoll über den öffentlich-rechtlichen Rundfunk in den Mitgliedstaaten vom 2. Oktober 1997[17]

DIE HOHEN VERTRAGSPARTEIEN

IN DER ERWÄGUNG, daß der öffentlich-rechtliche Rundfunk in den Mitgliedstaaten unmittelbar mit den demokratischen, sozialen und kulturellen Bedürfnissen jeder Gesellschaft sowie mit dem Erfordernis verknüpft ist, den Pluralismus in den Medien zu wahren

SIND über folgende auslegende Bestimmung ÜBEREINGEKOMMEN, die dem Vertrag zur Gründung der Europäischen Gemeinschaft beigefügt ist:

Die Bestimmungen des Vertrags zur Gründung der Europäischen Gemeinschaft berühren nicht die Befugnis der Mitgliedstaaten, den öffentlich-rechtlichen Rundfunk zu finanzieren, sofern die Finanzierung der Rundfunkanstalten dem öffentlich-rechtlichen Auftrag, wie er von den Mitgliedstaaten den Anstalten übertragen, festgelegt und ausgestaltet wird, dient und die Handels- und Wettbewerbsbedingungen in der Gemeinschaft nicht in einem Ausmaß beeinträchtigt, das dem gemeinsamen Interesse zuwiderläuft, wobei den Erfordernissen der Erfüllung des öffentlich-rechtlichen Auftrags Rechnung zu tragen ist.

Nr. 10 Entschließung des Rates und der im Rat vereinigten Vertreter der Regierungen der Mitgliedstaaten über den öffentlich-rechtlichen Rundfunk vom 25. Januar 1999[18]

Der Rat und die im Rat vereinigten Vertreter der Regierungen der Mitgliedstaaten der Europäischen Gemeinschaft –

A. unter Bezugnahme auf die Beratungen des Rates über den öffentlich-rechtlichen Rundfunk;

B. in Anbetracht des Umstands, daß der öffentlich-rechtliche Rundfunk mit seinen kulturellen, sozialen und demokratischen Aufgaben, die er zum Wohl der Allgemeinheit erfüllt, von entscheidender Bedeutung für Demokratie, Pluralismus, sozialen Zusammenhalt, kulturelle und sprachliche Vielfalt ist;

C. unter Hervorhebung des Aspekts, daß durch die zunehmende Diversifizierung der in der neuen Medienumwelt angebotenen Programme der allgemeine Auftrag der öffentlich-rechtlichen Rundfunkanstalten noch größere Bedeutung erlangt;

D. eingedenk dessen, daß die im Protokoll zum Amsterdamer Vertrag über den öffentlich-rechtlichen Rundfunk erwähnte Zuständigkeit der Mitgliedstaaten in bezug auf den Auftrag und die Finanzierung bestätigt wurde

stellen fest und bekräftigen folgendes:

1. Das Protokoll zum Amsterdamer Vertrag bestätigt den einhelligen Willen der Mitgliedstaaten, die Rolle des öffentlich-rechtlichen Rundfunks herauszustellen.

---

[17]   ABlEG 1997 Nr. C 340, S. 109.

[18]   ABlEG 1999 Nr. C 30, S. 1.

2. Die Bestimmungen des Vertrags zur Gründung der Europäischen Gemeinschaft berühren nicht die Befugnis der Mitgliedstaaten, den öffentlich-rechtlichen Rundfunk zu finanzieren, sofern die Finanzierung der Rundfunkanstalten dem öffentlich-rechtlichen Auftrag, wie er von den Mitgliedstaaten den Anstalten übertragen, festgelegt und ausgestaltet wird, dient und die Handels- und Wettbewerbsbedingungen in der Gemeinschaft nicht in einem Ausmaß beeinträchtigt, das dem gemeinsamen Interesse zuwiderläuft, wobei den Erfordernissen der Erfüllung des öffentlich-rechtlichen Auftrags Rechnung zu tragen ist.

3. Für die Erfüllung des Auftrags der öffentlich-rechtlichen Rundfunkanstalten muß weiterhin der technologische Fortschritt genutzt werden.

4. Der Zugang einer breiten Öffentlichkeit zu verschiedenen Kanälen und Diensten frei von jeglicher Diskriminierung und auf der Grundlage der Chancengleichheit ist eine Vorbedingung für die Erfüllung der besonderen Verpflichtung des öffentlich-rechtlichen Rundfunks.

5. Entsprechend dem öffentlich-rechtlichen Auftrag, wie er von den Mitgliedstaaten definiert wird, kommt dem öffentlich-rechtlichen Rundfunk eine bedeutende Rolle dabei zu, der Öffentlichkeit die Vorteile der neuen audiovisuellen Dienste und Informationsdienste sowie der neuen Technologien nahezubringen.

6. Die Fähigkeit der öffentlich-rechtlichen Rundfunkanstalten, der Öffentlichkeit Programme und Dienste von hoher Qualität anzubieten, muß gewahrt und ausgebaut werden, einschließlich der Entwicklung und Diversifizierung der Tätigkeiten im digitalen Zeitalter.

7. Die öffentlich-rechtlichen Rundfunkanstalten müssen imstande sein, weiterhin ein großes Programmspektrum im Einklang mit ihrem von den Mitgliedstaaten definierten Auftrag bereitzustellen, um die Gesellschaft insgesamt anzusprechen; in diesem Zusammenhang ist es legitim, wenn die öffentlich-rechtlichen Rundfunkanstalten danach streben, hohe Einschaltquoten zu erzielen.

**Studien zum deutschen
und europäischen Medienrecht**

Herausgegeben von Dieter Dörr
mit Unterstützung der Dr. Feldbausch Stiftung

Dieter Dörr

Umfang und Grenzen der Rechtsaufsicht über die Deutsche Welle

Frankfurt/M., Berlin, Bern, Bruxelles, New York, Wien, 2000. 89 S.
Studien zum deutschen und europäischen Medienrecht.
Herausgegeben von Dieter Dörr. Bd. 2
ISBN 3-631-35669-2 · br. DM 32.–*

Die Untersuchung gibt eine Antwort auf die Frage nach Umfang und
Grenzen der Rechtsaufsicht über die Bundesrundfunkanstalt Deutsche
Welle. Dabei erläutert der Verfasser zunächst die Grundsätze der Staats-
aufsicht und ihre verschiedenen Ausprägungen. Im Folgenden wird deren
Anwendbarkeit auf Rundfunkanstalten im Allgemeinen überprüft.
Weiterhin wird der Anwendungsbereich der Rundfunkfreiheit in Bezug auf
die Deutsche Welle erörtert. Schließlich setzt sich der Verfasser mit den
Grenzen der Rechtsaufsicht über die Deutsche Welle auseinander und geht
insbesondere auf das Verhältnis der Rechtsaufsicht durch den Bund zu den
anstaltsinternen Kontrollgremien ein. Abschließend wird festgestellt, welche
Arten von Aufsichtsmitteln nach dem Deutsche Welle Gesetz überhaupt in
Betracht kommen.
Der Verfasser kommt schließlich zu dem Ergebnis, daß bei verfassungs-
gemäßer Auslegung des DWG die Deutsche Welle nur einer beschränkten
Rechtsaufsicht unterliegt.

Aus dem Inhalt: (Beschränkte) Rechtsaufsicht über Rundfunkanstalten ·
Rundfunkfreiheit · Deutsche Welle als Bundesrundfunkanstalt

Frankfurt/M · Berlin · Bern · Bruxelles · New York · Oxford · Wien
Auslieferung: Verlag Peter Lang AG
Jupiterstr. 15, CH-3000 Bern 15
Telefax (004131) 9402131
*inklusive Mehrwertsteuer
Preisänderungen vorbehalten